2択クイズで
まるわかり!

あとあと

モメない「終活」はどっち?

ファイナンシャルプランナー
髙橋佳良子

すばる舎

終活 どっち？

○はじめに

自分の死後のあれこれについて
あとあと家族がモメずに
済むのはどっち？

細かく指定しておく
家族を信頼して任せる

いきなりの質問で恐縮ですが、みなさんはこの質問にどう答えますか？

……自分の死後に家族がモメるところなんて、誰しも想像したくないものですよね。

「自分の死後についてなんて、元気なうちは考えたくない！」という方も多いでしょう。

しかしいまの時代、

万が一の事態は突然やってきます。しかも、いざ「そのとき」になれば、残された家族は、**さまざまなことを短期間のうちに選択していかなくてはなりません。**

そうなると、のちのち「本当にこれで良かったのか……」との後悔が残ったり、兄弟姉妹などの家族間でモメてしまったりする場合が少なくありません。

こうした事態を防ぐには、自分の死後や、認知症が進んだり寝たきりになって、意思が伝えられなくなった場合に備え、老後資金・介護・相続について準備しておく「終活」が欠かせません！

たとえ血縁関係にあったとしても、残された家族が故人の希望を細部までくみ取ることはなかなかできないのです。

そこで必要になったのが**「終活」**。背景には、時代の変化があります。

キーワードは、**核家族化**、**長寿化**、**選択肢の多様化**、**マネー資本主義**の4つです。

まず、**核家族化**。

三世代同居が当たり前だった頃は、地域で個人商店や農業を営む個人事業主が多かったのですが、1970年代から会社員や公務員が増え、若者は都会で進学や就職をし、その後も転勤族となる人が増えました。

地元に残っている親世代とは、盆・正月に話ができれば良いほうで、遠くに住んでいる子ども世代に、日頃から自分たちの考えていることや地元のしきたりなどを伝えることは、とても難しくなりました。

次に、**長寿化**です。

医療の進歩で日本人はぐんぐん長寿化したものの、最期まで元気とはいかず、高齢によって認知症を発症したり、寝たきりになったりする人が増えています。すると、いざというときに、本人の希望がわからないケースが頻出します。

そして、**選択肢の多様化**です。

昔は医療にも限界があり、埋葬についても地域のしきたりに則って行っていたため、自分たちで選択できる余地はほとんどありませんでした。しかし現在の日本では、葬儀や埋葬においても選択肢が多様化し、遺族の負担が大きくなっています。

家族が亡くなると、葬儀社選びから始まり、家族葬か一般葬か、祭壇はどのランクか、などと選択するべきことが目白押し。

あとになってから「もっと良い葬儀ができたのではないか……」と悔やんだり、親戚から文句を言われたりと、つらい思いをすることも少なくありません。

最後に、**マネー資本主義**。

葬儀も、過去には地域で行っていたのでほとんどお金がかかりませんでした。しかし現在では、地域に代わって葬儀社に依頼するため、それなりの費用が発生します。

さらに、介護も医療も手厚くするほど、お金がかかります。

こうした時代の変化が、私たちすべてに終活することを求めています。

本人が元気なうちにエンディングノートを書き、さらに遺言書を残して、財産の分配を指定しておくことが大切です。そうすれば家族も決断しやすく、後悔も少なくなります。もちろん、家族間トラブルの回避にも有効です。

終活は、家族への「最後の贈りもの」となるのです。

ですがこの終活、始めてみればわかりますが、普段の自分にはまったく馴染みのない事柄について、次々と選択肢を突きつけられます。

「お金のことは後回しにする？　先に済ませる？」といった基本的な疑問から**「将来に備えて医療保険に加入する？　加入しない？」**といった切実な課題まで、さまざまな「どっち？」に立ち向かわなければなりません。

本書は、日頃からファイナンシャルプランナーとして、右のような相談に答えている筆者が、終活にまつわる「どっち？」を一つひとつ、解決していく構成をとっています。終活には欠かせないエンディングノートの使い方から、遺族のための相続税対策まで、人生の締めくくりにまつわる事柄を網羅できたと自負しています。

本書が、読者の方々が持つ将来への漠然とした不安をなくし、これからの人生を豊かに過ごすうえでの指針となれば幸いです。

A　事前に終活して、「こうして、ああして」と細かく指定しておけば、残された家族がモメずに済む！

あとあとモメない「終活」はどっち？ もくじ

第1章

終活に関するキホンのどっち？

終活どっち？

Q.1

終活を始めるべき年代はどっち？

「体調を崩しがちな70代」

「現役世代の50代」

本章では、終活に関する細かい制度やテクニックではなく、まずは基本的な決まりや、心構えについて学んでおきましょう。

さて、命に関わるような病気やケガを経験すれば、誰でも年齢など関係なく、終活が頭をよぎります。また、年齢を重ね、周囲の友人や知人が認知症を発症したり、骨折をきっかけに寝たきりになったりするのを見て、「自分もそろそろ終活に取り組むべきときがきたのか」と実感することもあります。

将来に不安を感じたときや、身近な人の死に直面したとき、あるいはテレビや雑誌などの終活特集を見て取り組む気になったり、子どもたちが「そろそろ……」と勧めてきたり、などなど。目の前に人生の終わりが見えてから、ようやく重い腰を上げて終活を始める人がほとんどです。

でも、それでは遅いのです。

実際に終活を始めてみると、たとえばエンディングノートが求める項目を埋めていくだけでも、実にさまざまな情報を集め、多様な選択肢から自分なりに結論を選ばなければなりません。これには、相当な体力や気力、知力を必要とします。

関連書を読んだり、葬儀社を訪ねてパンフレットを見ながら見積もりを取ったり、場合によってはいくつかの墓苑を回ったり、講演会・セミナーにも足を運ばなければならないでしょう。

しかし、終活に興味が出てくることが多い70代、80代では、誰もが年齢を重ねて病気がちになっているため、新しいチャレンジに対して臆病になりがちです。また、健康面で不安を抱えているため、終活を始めてもさまざまな負担に耐え切れず、終活をやり終える前に人生を終えてしまうケースも多々あります。

ですから、気は進まなくとも、体力・気力・知力が充実している若いうちから、終活を始めておくのが得策なのです。

「50代なら、まだ仕事もバリバリの現役なのに、自分が死んだあとのことを考えるなんて……」と敬遠される方もいるでしょうが、**なにもすべてに取り組む必要はありません。**

すぐに取りかかることができる家系図や住所録、自分の経歴の作成などから始めてみてはいかがでしょうか？　ひとつずつ、ゆっくりと勉強しながら、医療に介護、葬儀、相続……と選択を進めていけば良いのです。

終活関連のセミナーやワークショップに参加して、他の人と意見を交わしながら自分なりの終活を進めるのも良いでしょう。自分とは違う考え方や、将来への不安の解消法など、生の声を聞くことで新しい発見もあるはずです。

結論としては、70代・80代でも遅過ぎることはありませんが、まだまだ元気な50代のうちから、少しずつ始めるのがベストといえるでしょう。

A 終活は、まだまだ健康な、現役世代の50代から始めるのが吉！

終活どっち？

Q.2

終活をするうえでいちばん避けたい最期の迎え方はどれ？

①「がん」
②「認知症」
③「PPK＝突然死」

日本人ががんで死亡する確率は、２０１４年に国立がん研究センターが発表したデータによれば、男性で４人に１人（25％）、女性で６人に１人（16％）です。私たちは、かなりの割合で、がんで死ぬのです。

そして、２０１５年発表の厚生労働省の推計では、65歳以上の５人に１人が認知症、あるいはその〝予備軍〟である、とされています。認知症も、最終的には死に至る病気ですから、がんで死ななくても認知症になって最期を迎える人も多いでしょう。

一方、高齢者の方々に話を聞くと、多くの方が**「ＰＰＫ（ピンピンコロリ）」が理想の最期だ**と言います。長く苦しまずに済むし、介護などで家族に迷惑をかけることもないから、というのがその理由です。

この３つの最期の迎え方のうち、終活する場合にもっとも避けるべきなのは、どれでしょうか？

人の亡くなり方には、いくつかのパターンがあります。

ひとつめは、体が脳より先に衰えてから亡くなるパターン。がんなどの病気を長く患い、体力が落ちて、先に体が思うように動かせなくなってしまいます。ただし、最後まで頭ははっきりしています。

2つめは、脳が体より先に衰えてしまう、認知症などのパターン。体は最後まで元気ですが、多くの場合、今後のことを考える能力が早い段階でなくなってしまいます。

そして3つめが、脳と体が同時に働きを止めてしまう「PPK」のパターンです。

さて、このうちの①がんなどのパターンでは、認知症と違い、ある程度病状が進行するまでは**他人に意思を伝えることができます。**そのため、病状が進行すれば現実を受け入れて、残された時間を終活に充てられます。

いざというときのために、自分がどんなところで、どのように最期を迎えたいのか、冷静な判断ができるうちにエンディングノートを綴ったり、家族に伝えることができます。同時に、延命措置やホスピス、葬儀やお墓についても考えておくことができます。

一方で、2つめのパターンの認知症になってしまうと、(その種類にもよりますが)判断能力が衰えてしまって、**他人に意思が伝えられなくなるケースがほとんどです。**

結果的に、預貯金の出し入れやさまざまな法的手続きができなくなり、子や孫への財産の生前贈与も認められなくなってしまいます。

また、認知症が進むと自宅の売却やリフォーム、生命保険への加入、株や投資信託の売買、遺言書の作成などもできなくなります。親しい人たちへの思いを綴ることすら、難しくなってしまうのです。

肉体的苦痛を伴うイメージがあるからか、認知症よりもがんのほうを恐れる人が多いのですが、終活に関して言うと、がんよりも認知症のほうが「避けるべき最期」となるのです。

さらに避けるべきなのが、高齢者の間では理想の最期とされている③の「ＰＰＫ」のパターンです。**本人が突然いなくなってしまう**ため、多くの場合、死後への準備が何もされておらず、遺族が困ってしまう最悪の事態を招きがちです。

「ＰＰＫ」による突然死はもちろんのこと、がんにも、認知症にもならないことが望ましいのですが、残念ながら人の命には限りがあります。それを思えば、頭も、心も、体も元気なうちに、終活しておくことが大切でしょう。

A 進行に時間がかかる「がん」より、判断能力が低下する「認知症」のほうが怖いが、もっとも避けたいのは「ＰＰＫ」。

終活どっち？

Q.3

終活で先に取り組むべきなのはどっち？

「遺言書」

「エンディングノート」

終活に取り組み始めると、すぐに遺言書とエンディングノートという2種類の選択肢があることに気づきます。

この2つは、本人の思いが詰まった家族への贈りものという点では同じですが、役割がまったく違います。2つの区別がついていない方が意外に多いので、ここで違いをはっきりさせておきましょう。

まず、**遺言書は相続に関する内容を中心**として、自分の死後のことについて書き記す法的な書類です。たとえば、遺言書に「自宅は長男へ継がせ、金融資産は長女に相続させる」と記入した場合、原則として書いた本人の意思が反映されます。遺言書さえあれば、家族はそれに沿って遺産を分けることができるのです。

難しく言うと、遺言書を書くという行為は、民法に定められた死後についての意思表示です。ただし、そこに書くことで法的な効力を持つのは、不動産や預貯金などのプラスの財産、あるいは借金などのマイナスの財産をそれぞれどう分けるか、という財産の処分方法や、子どもの認知についてなど、限られた事柄だけです。

また、遺言書については大きく分けて2つの種類、というか作成方法があることにも気をつけなければなりません。

ひとつは、代表的な遺言書の作成方法である、自分で書く**「自筆証書遺言」**です。気軽に書けるのがメリットですが、実は、法的に有効な内容とするには書き方に決まりが多く、間違ってしまうと、遺言書の効力が失われる場合がかなり多くあります。

もうひとつの作成方法が**「公正証書遺言」**です。

自分で遺言を書くのではなく、法務省が所管し、全国におよそ300カ所ある公証役場で、法律の専門家の公証人に遺言書を作成・保管してもらうものです。

遺産の内容によっては用意しなければならない書類が多くなったりして、「自筆証書遺言」に比べて手間がかかる他、多少の費用もかかるなどのデメリットがありますが、遺言書の原本を公証役場で保管してもらえるため、紛失や死後に遺言書が発見されないなどの事態を避けることができますし、法的な不備がなくなるため、確実にその効力を行使できる、という大きなメリットもあります。

	遺言書	エンディングノート
法的効力	ある	ない
遺産分割や相続の手続き	できる	できない
医療や介護など生前の希望	書けない	書ける
家族や友人へのメッセージ	書けるが、限定的	自由に書ける

こうした特徴のある遺言書に対し、**エンディングノートでは多岐にわたる内容を自由に書く**ことができます。

自分史をはじめ、医療や介護についての希望、葬儀やお墓のこと、形見分けやペットの養子先なども盛り込んで構いません。もちろん、遺産分割についての希望を書き込むこともできます。

ただし、**遺言書とは違い、エンディングノートには法的効力はありません。**これが最大の相違点です。

つまり、たとえエンディングノートに遺産の分割方法を書いておいても、その通りに分けてもらえるとは限らないのです。あくまでも「本人の希望」としてしか扱われません。エンディングノートは、主に本人の情報や「実はあの人、こんなふうに考えていたんだ」ということを、周囲の人々に知らせるためのツールなのです。

従って、財産の分割方法など、きちんと対処しておかないと争いが起きやすく、遺言に書くことによって法的効力を持つ事柄は遺言書に、一方、終末期にまつわるさまざまな希望や、自分の情報についてはエンディングノートにと、それぞれ書き分けて終活に活用するのがオススメです。

A まずはエンディングノートに手を着けてから、法的効力のある遺言書にじっくりと取り組むのが良い。

終活
どっち？

Q.4

終活をするにあたり、お金のことはいつ考える？

「最優先で考える」
「最後に考える」

現在の日本は平均寿命が延びていますが、そのぶん、老後の生活にかかるお金も、どんどんふくらんでいます。

平均寿命で見てみると、1960年には男性65・32歳／女性70・19歳、1970年には、男性69・31歳／女性74・66歳と、国が豊かになるにつれ、日本人が飛躍的に長生きになっていったことがわかります。ですが、1960〜70年代はまだ、個人事業主として、**亡くなる直前まで働いている方**が多かった印象があります。

たとえば、駄菓子屋のおばあちゃんを思い出してみてください。子どもたちとの触れ合いを楽しみに、張り合いをもって商売をする彼女たちの姿。そんな姿が町内のあちこちに見られました。

同じように、八百屋さん、お肉屋さん、金物屋さんなども町内にあって、二世代、三世代でお店を運営していました。大手企業との競争も少なく、日本人の消費も活発で、細く、長く働くことができたので、たとえ年金が少なくても「生涯現役」が実現できたのです。

現在はというと、会社勤めの人が増えたうえに、平均寿命が男性80・79歳／女性

87・05歳にまで達しています（2015年、厚生労働省発表）。サラリーマンや公務員の退職年齢が60歳から65歳だと考えると、多くの人が15年から20年もの間、「収入が年金だけ」という状態が続くことになります。

さらに、健康寿命（健康上の問題がない状態で日常生活を送れる期間）という観点から考えると、最後の10年ほどは身体に問題を抱えながら過ごす人が多くなります。生活費の他にも、医療費や介護費が積み重なるのです。

こうしたシビアな現実がありますから、終活においてもおっくうだからと、お金の問題を後回しにせず、なによりも先に考えるべきでしょう。冒頭の設問への答えは、「お金のことを先に検討する」が正解となります。

具体的な検討方法については次章で詳しく説明しますが、**「これから入ってくるお金」**と**「いま持っているお金」**、さらに**「これから出ていくお金」**を区別することが、終活を行う際に行き詰まらないためのポイントとなります。

多くの人は、お金に関して、自分のことであれば割り切って考えられるのに、愛する夫や妻、いままで世話になった親のことになると「最期に後悔しないように、できる限りの恩返しをしてあげたい」と思い詰めがちです。そのため、適正なレベル以上にお金をかけてしまって、あとで自分や家族が困ったり、どうして良いかわからず失敗しがちです。

そこで、まずは、これから見込める収入と、現状の財産、将来に生じる出費を把握しておけば、周りの人にどれだけのことをしてあげられるのかについて、冷静に見当をつけることができます。

そうすれば、「何に、いくらまでお金を使って良いのかわからず、不安でしょうがない」という精神状態からも解放されます。思ったよりも余裕があれば、たっぷり思い切って使えますし、足りないようなら、節約しつつ暮らす踏ん切りもつくというものです。

A 年金暮らしが長くなった現代、お金に関してはシビアな現実がある。終活では真っ先にお金の現状把握から始めること。

終活 どっち？

Q.5

エンディングノートを
作成するとき、
望ましいのはどっち？

「恥ずかしい過去は書かない」
「思い切ってすべてを書く」

エンディングノートは、自分らしい最期を迎えるために書くものです。自分の終末期についての希望を書いておくだけのものと思われがちですが、実は自分の過去、いわば「自分史」について詳しく書く項目もあります。

なぜかといえば、エンディングノートは、自分が介護や医療の現場にお世話になることになった際に、自分を知ってもらう「人物紹介」の役割も担っているからです。

この「自分史」の欄には、認知症や寝たきりになって自分の意思が伝えられなくなってしまったとき、介護士やドクター、看護師さんたちが目を通します。すると、そこに書いてある、あなたの人生で起きたさまざまな出来事や思い出などをたどることで、**その他大勢の「患者さん」から、人格を持った「○○さん」へと印象が変わるのです。**

ですから、書くときは、「誰かに読ませる」という想定のもと、できれば人に知られたくない、恥ずかしいと感じている事柄についても、思い切って記入することをオススメします。

では、具体的に「自分史」にはどんなことを書くべきなのでしょう。

就職活動を思い出してみてください。名前や生年月日から始まり、学歴、職歴、特技・

趣味、表彰などを記入したことでしょう。その後は、幼い頃の印象的な出来事、若い頃に夢中になっていたことなどを、順を追って書いていきます。エンディングノートが書くべき項目を誘導してくれますので、迷うことはありません。

最初はなかなか筆が進まなくても、やがて記憶がどんどん溢れ出してくる、という方が多いです。事前に、専用の「ネタ出しノート」を準備し、**ふと思い出したこと、気になったことなどを、殴り書きでも良いので書き出しておけば、より書きやすくなる**でしょう。

また、起こった出来事の羅列では少し寂しいので、それぞれにまつわるエピソードや、そのときどきの自分の気持ちを書き添えると、読んだ人がより具体的なイメージを抱くことができるしょう。さらに、文章と写真を組み合わせて、アルバムのような形式にすると、見ていて楽しいエンディングノートができあがります。

なかには「私は平凡な人生を送ってきたから、書くほどのことはない」と言う人もいますが、決してそんなことはありません。「家族のためにひたすら働いた人生」、「思うがままに好きなことをして過ごした人生」……なんでも良いのです。人の数だけ人生模様があり、書くべき思い出があるものです。

自分史作成には、意外な副産物もあります。これまでの人生を客観的に振り返ると、「自分がやり残したこと」についても考えを巡らすことになり、「これからどう生きていくか」という指針ができるのです。

というわけで、自分史作りの意義をまとめると、次の2つになります。

① 介護や医療の現場で役立つ

② 「これからどう生きていくか」についての指針が見つかる

そして、なにより作成の過程で家族や親しい人との会話が増えて、より絆が深まるはずです。ぜひお試しください。

A エンディングノートの自分史には、すべて知ってもらうために恥ずかしいことも書いておいたほうが自分にとってもお得。

第2章

老後の生活設計と資金管理のどっち？

終活どっち？

Q.6

お金の終活で真っ先に把握すべきはどれとどれ？

①「これから入ってくるお金」
②「いま持っているお金」
③「これから出ていくお金」

第1章でも少し述べましたが、終活におけるお金の算段をつけるにあたり、「かかるお金」と、「かけられるお金」をしっかりと区別しておくことが重要です。そのために欠かせないのが、**現状の把握**です。

我が家にはどれくらいの財産があるのか、今後、どんな収入が予想されるのか、家族の将来にどんなイベントが待っているのか、などなど。これらを正確に知るだけでも、ずいぶん不安が取り除かれるはずです。

とはいえ、机に向かえば書き出せるものでもありません。必要な資料を基に計算していくのです。

まずは、収入です。

仕事やパートでの収入や、国から得られる公的年金(国民年金・厚生年金・共済年金)、加入している場合は、保険会社からの個人年金も入ってきます。年齢や働き方によって、金額が変動するものもありますので、今後を予測して計算しましょう。不動産収入や保険の満期金も加えれば、まず、**「これから入ってくるお金」**が把握できます。

財産簿

資産			負債		
金融資産（保険含む）	普通預金	100万円	借入金	住宅ローン	500万円
	定期預金	1500万円		自動車ローン	50万円
	個人向け国債	500万円	【負債合計】		550万円
	外貨預金	50万円	純資産	資産3700万円－負債550万円 ＝3,150万円	
	株式	200万円			
	保険	700万円			
不動産	住宅	500万円			
その他	自動車	150万円	【純資産】		3,150万円
【資産合計】		3,700万円	【負債・純資産合計】		3,700万円

次に、現在の我が家の「財産簿」の作成です。銀行の預貯金、株式や投資信託などの投資商品、保険や不動産などの財産が「いま、現金化したらいくらになるか」を計算して、書き出します。

これらプラスの財産とセットで、マイナスの財産、つまり負債についても計算しておきます。借金に加え、住宅や車のローンがこれにあたります。

プラスの財産から、マイナスの財産を引くといくらになるか？　その答えが**「いま持っているお金」**です。

最後に、これから家族に起きるであろうライフイベントと、それらにいくらずつかけるのかを、ざっくりと決めていきます。たとえば、子どもの結婚、出産、マイホーム購入、孫の入学などです。これが**「これから出ていくお金」**です。

すでに、「これから入ってくるお金」、「いま持っているお金」がわかっているので、使えるお金ははっきりしています。あとは、使えるお金をそれぞれのライフイベントに振り分けて考えれば良いのです。もしかすると、予算に合わないことがわかり、削らざるを得ないライフイベントが出てくるかもしれません。

「これから出ていくお金」を先に考えると、どうしても見積もりが大きくなってしまいがちですが、先に「これから入ってくるお金」、「いま持っているお金」を把握しておけば、必要なところを優先させながら、「これから出ていく」お金を把握できます。

次のページに、とある一家の収入・支出とライフイベントの関係を示した表を掲載しますので、参考にしてみてください。

A 「これから出ていくお金」に気を取られず、「これから入ってくるお金」と「いま持っているお金」を真っ先に把握する。

7年後	8年後	9年後	10年後	11年後	12年後	13年後	14年後	15年後
2024	2025	2026	2027	2028	2029	2030	2031	2032
72	73	74	75	76	77	78	79	80
69	70	71	72	73	74	75	76	77
44	45	46	47	48	49	50	51	52
42	43	44	45	46	47	48	49	50
94	95	96	97	98	99	100	101	102
200	200	200	200	200	200	200	200	200
79	79	79	79	79	79	79	79	79
50	50	50	50	50	50	50		
329	329	329	329	329	329	329	279	279
		車の買替 150万円	任意後見人契約	リフォーム 200万円		墓・葬儀準備		遺言書書き換え
	孫ひとみ大学入学	孫一志高校入学			孫一志大学入学			
160	160	160	160	160	160	160	160	160
20	20	170	20	20	20	20	20	20
10	10	10	10	10	10	10	10	10
						200		
20	20	20	20	220	20	20	20	20
10	10	10	10	10	10	10	10	10
120	120	120	120	120	120	120	120	120
20	20	20	20	20	20	20	20	20
20	20	20	20	20	20	20	20	20
360	360	510	360	560	360	560	360	360
-31	-31	-181	-31	-231	-31	-231	-81	-81
1295	1264	1083	1052	821	790	559	478	397

ライフイベントと一家の収入・支出

経過年数	現在	1年後	2年後	3年後	4年後	5年後	6年後
西暦	2017	2018	2019	2020	2021	2022	2023
本人	65	66	67	68	69	70	71
配偶者	62	63	64	65	66	67	68
長女	37	38	39	40	41	42	43
長男	35	36	37	38	39	40	41
母親	87	88	89	90	91	92	93

収入	年金収入（夫）	200	200	200	200	200	200	200
	（妻）				79	79	79	79
	（母親）	50	50	50	50	50	50	50
	個人年金	30	30	30	30	30	30	
	保険満了金				100			
	合計（ア）	280	280	280	459	359	359	329

ライフイベント	孫一志 小学校入学	海外旅行 100万円 リフォーム 200万円	車の買替 150万円 孫ひとみ 中学入学			古希祝・親７回忌 エンディングノート 孫ひとみ 高校入学	遺言書作成 孫一志 中学校入学

支出	生活費	200	200	180	160	160	160	160
	車関連	20	20	170	20	20	20	20
	保険料	15	15	15	15	10	10	10
	冠婚葬祭	5	40	5			5	5
	住居関連費	20	220	20	20	20	20	20
	交際費・趣味	10	10	10	10	10	10	10
	おこづかい	120	120	120	120	120	120	120
	その他	20	120	20	20	20	20	20
	税金・社会保険料	20	20	20	20	20	20	20
	合計（イ）	430	745	540	365	360	365	365

年間支出（ア）－（イ）	-150	-465	-260	94	-1	-6	-36
預貯金残高 前年度の貯蓄残高＋C	2000	1535	1275	1369	1368	1362	1326

終活どっち？

Q.7

老後のお金の運用、望ましいのはどっち？

「最期まで投資商品で運用」

「徐々に貯蓄商品にもどす」

銀行の定期預金は、日本経済がデフレからなかなか抜け出せないこともあり、低金利時代が続いています。そのため、定期預金だけでは貯蓄が増えないばかりか、インフレーションが起きたら資産価値が目減りするのではないか、という不安すらあります。そこで最近では、財産を投資商品で運用する人が増えてきました。

筆者が考えるに、投資を行っている人は、次の2種類に分けることができます。

・趣味として楽しんでいる人
・勧められたからやっている人

まず、「趣味として楽しんでいる人」は、利益を得ることはもちろんですが、自分の予想が当たる快感や、株価のチャートを眺めるときのワクワクした気持ちを得るために投資をしているようです。こういう人は、自分の理解が及ばない金融商品などには手を出さないことに注意しつつ、経済情勢や財布と相談していければ安心です。

問題は、「勧められたからやっている人」です。

誘ってくるのは、多くの場合は銀行です。まとまったお金を銀行に預けていると、窓口で声をかけられて、「一部を投資信託や保険で運用してみないか」などと持ちかけられます。なぜ銀行が投資商品の営業に熱心なのかといえば、金利が低いということは、銀行が企業に融資したときの利子も少ないということであり、代わりに、金融商品を販売する際の手数料に、収益源として期待をかけているからです。

こうした場合、自分の判断で運用しているわけではないので、投資した商品の現況が理解できていないことが多いうえに、相場が変わるごとに、銀行の担当者の勧めるがままに商品を入れ替えて、財産がどんどん目減りしてしまう人までいます。

自分の理解が及ぶ範囲で、納得して運用できていないのであれば、そもそも投資を行うべきではないでしょう。

では、「趣味として楽しんでいる人」は、人生の最後まで投資を楽しんでも良いのでしょうか？　結論から言うと、そうではありません。残念ながら、高齢になっても投資を続けていくと、問題が2つ出てきます。

ひとつは、有料老人ホームの入居費用、家のリフォーム代など、まとまった資金が必要となったとき、**すぐに現金化できるとは限らない**という問題です。投資商品は常に値が動いているので、お金を使いたいときに利益が出ている保証はありません。

大きく損が出ている状態でも、無理に売却して現金化しなければならないケースが生じてしまいます。ですから、老後の財産が減っていくに従って、徐々に投資商品を現金化していくのが得策といえます。もちろん、必要なお金を他に持っていて、預貯金から融通できるのであれば問題ありません。

もうひとつは、認知症や寝たきりになってしまった場合に、本人が手続きをできなくなることです。こうなると**原則として、投資商品を解約することも、追加することもできなくなる**ので、そのまま放置しておくしかありません。

やがて本人が亡くなって、家族が投資商品を相続することになりますが、これには名義人の変更など厄介な手続きが山積みです。相続人も扱いに困ってしまうでしょう。

これらを考えると、たとえ趣味として投資を楽しんでいるとしても、高齢になるに従って投資商品の割合を減らし、預貯金にシフトしていくのがベストでしょう。

A 勧められて投資をしている人は、すぐに運用の見直しを。趣味で投資をしている人も、徐々に現金化しよう。

終活どっち？

Q.8

色々な種類がある生命保険。契約途中で解約しても、高額な返戻金がもらえるのはどれ？

①「定期保険」

②「養老保険」

③「終身保険」

生命保険というと、多くの方は、「加入者が亡くなったときに、残された遺族が保険金を受け取る」だけの仕組みだと認識しています。しかし、生命保険には途中で解約しても、一定のお金が戻ってくる**「解約返戻金」**が設定されています。これが終活に活用できれば、介護・医療費、遊興費と使い道はいくらでもあります。

生命保険には基本的に3つの種類があり、「解約返戻金」として受け取ることのできるお金は、その種類によって変わります。

自分の保険の種類と、その内容を確認するところから始めましょう。

まずは**「定期保険」**。

これは「15年間」、あるいは「60歳から80歳まで」、などとあらかじめ保障する期間が決まっているタイプの生命保険です。月々の保険料は割安となっており、保障期間中に死亡した場合は、保険料のわりに高額な保険金を受け取ることができます。

ただし、途中で解約してしまうと、「解約返戻金」はほぼ戻ってきません。この特徴から「掛け捨て型」と呼ばれています。

次に**「養老保険」**。

こちらも、定期保険と同じで保障する期間が決まっているタイプです。「定期保険」と違うのは、保険期間が満了すると、満期保険金を受け取ることができるところです。また、「解約返戻金」についても、支払ってきた保険料よりやや少ないか、契約期間の長さによっては上回る金額をもらえます。良いことずくめのようですが、保険料は定期保険に比べ、ずっと割高です。

最後に**「終身保険」**。

これは、その名の通り、加入者の一生涯を保障し、死亡した場合に保険金が支払われるという、わかりやすいタイプです。保障は一生涯で、支払いは設定されている払い込み期間もしくは終身払いです。

そして「養老保険」と同じく、こちらも「解約返戻金」が出ます。払い込み期間の間に徐々に増加し、やがて支払った保険料を上回り、死亡時に支払われる保険金の額に近づいていく仕組みです。保険料は「定期保険」よりは高く、「養老保険」よりは安くなります。

最近では、より貯蓄型に特化した「低解約返戻金型終身保険」という商品も注目を集めています。短い期間に保険料を支払ってしまうことによって、保険料を上回る「解約返戻金」が受け取れるように設計されています。その代わり、支払い期間中に解約すると、元本を割ってしまう仕組みです。

このように「養老保険」と「終身保険」では、払い込み期間の長さによっては、保険料を上回る「解約返戻金」や満期保険金が出ますから、**大きな出費を強いられたときや、介護・医療費が必要となった際に活用すると良い**でしょう。

また、高齢になってから生命保険に加入する場合は月々の支払いも高額になるので、加入前に身の丈に合った保険料かどうか確認してください。

A 「養老保険」、「終身保険」に加入しているなら、解約して戻ってくる「解約返戻金」を活用して老後資金に充てられる。

終活どっち？

Q．9

余命6カ月の宣告を受けると、保険金を受け取ることができる特約はどっち？

「リビング・ニーズ特約」

「三大疾病特約」

運悪く重い病にかかって、「余命6カ月」などと宣告されてしまったとき、**加入している生命保険の保険金の一部を受け取れる特約**があったら、残された時間を有効に活用できると思いませんか? 死亡時に遺族に支払われるはずだった保険金を使って、高額だからと諦めていた最新の治療法を試したり、穏やかで充実した最期のための環境作りを進めたりすることもできます。

これを**「リビング・ニーズ特約」**といって、実は、日本のほぼすべての生命保険に無料で付けられています。

混同されがちな**「三大疾病特約」**は、がん・脳卒中・心筋梗塞のいわゆる「三大疾病」にかかって、所定の状況になったら、生前に保険金が受け取れるというものです。受け取った保険金を治療費や、生活費に充てられるので、近年需要が高まっています。こちらには余命宣告は必要ありませんが、この特約を付けると、通常の生命保険よりは割高な保険料となります。

さて、「リビング・ニーズ特約」は、1989年に、アメリカのプルデンシャル生命の社長であるロナルド・バーバロが開発したものです。彼はボランティア活動で訪れたエイズ患者が入院するホスピスで、生命保険に加入していながら、多額の借金を抱えたエイズ患者と出会いました。

「この患者のために、なんとか保険金を前払いできないだろうか」と考えた末に、「リビング・ニーズ特約」を実現させ、いまでは世界中の保険会社に広まったのです。

しかし、自分が加入している死亡保険に、この特約が付いていることを、知らない人が未だに多いのです。保険金は、こちらから請求しないと受け取れない仕組みになっているので、ここでしっかりと覚えておきましょう。

もちろん、「リビング・ニーズ特約」を生前に使うか、使わないかは、本人と家族の意向次第です。いったん受け取ってしまえば、死亡時に支払われる保険金は生前に受け取った額を差し引いたものになるので、遺族への保障は少なくなります。

支払われる保険金については非課税ですので、税金はかかりません。もっとも、死亡後、生前に受け取った給付金が残っていた場合は、相続財産として相続税の課税対象にはなりますので、この点にも注意して使うか、使わないかを判断する必要があります。

ひとつ、気をつけなければいけないケースがあります。

最近ではあまりありませんが、医師による余命宣告の際、患者本人の精神状態を考慮して、その家族だけに告知がなされている場合です。指定代理請求人が、本人に内緒で「リビング・ニーズ特約」を利用すると、保険会社から送られてきた書類を見た本人が余命を知ってしまうかもしれません。本人がショックを受けるだけではなく、**家族との関係も悪化する恐れ**があるので、注意が必要なのです。

ちなみに、指定代理請求人とは、「リビング・ニーズ特約」など、生前に受け取れる給付金を、被保険者本人に代わって受け取れるよう、本人から指定された人のことです。請求時において、被保険者と同居、または生計を共にしている戸籍上の配偶者か、または三親等内の親族、という条件があります。

A 答えは、アメリカ生まれの制度「リビング・ニーズ特約」。

終活どっち？

Q.10

病気がちになる高齢期。民間の医療保険には入るべき？

「絶対加入したほうがいい」

「加入しなくていい人もいる」

誰しも高齢になると、病気にかかるだけではなく、つまずくだけで骨折につながってしまうなど、医療費が気になってきます。

それを見越してか、60歳前後から、老後に備えての医療保険への新規加入や見直しを考える人が急増します。このときに検討しなければならないのが、次に挙げるような具体的な給付内容です。

- **入院給付金は何日以上入院すると受け取れるのか？**
- **入院給付金は1日あたりいくら出るか？**
- **何日分まで入院給付金を受け取れるか？**
- **手術給付金はいくらもらえるのか？**
- **がんや生活習慣病での入院に上乗せがあるか？**
- **診断給付金はあるか？**

ちなみに、近年の医療保険は、日帰り入院や日帰り手術でも入院給付金が受け取れるだけではなく、「三大疾病（がん・脳卒中・心筋梗塞）」などの診断給付金も、間を空ければ複数回受け取れるものが主流になりつつあります。

医療保険は、病気にかかったときの治療の選択肢を広げる役割も果たします。たとえば、副作用が少ないことで注目を集めているがんの治療法「重粒子線治療」は、国の認可を受けているものの、健康保険の対象外です。全額を自己負担すれば、1セットで数百万円かかると言われていますが、**「先進医療特約」**が含まれる民間の医療保険に加入していれば、そこから技術料をまかなうことができるので、安心して利用できます。


このように、老後の不安を一掃してくれるかに見える医療保険ですが、問題は、加入時の保険料が年齢を重ねるほど高くなり、家計を圧迫しがちなことです。また、すでに病気を抱えていると、そもそも加入できないケースもあります。「では、持病があっても入れる保険を探さなくては！」と慌てる方もいらっしゃるかもしれません。

ですが、ちょっと待ってください。

焦って民間の医療保険を探す前に、国の保険制度をもう一度確認してみましょう。

すべての日本人が原則として加入することになっている公的医療保険には、「高額療養費制度」というものがあります。「健康保険限度額適用認定申請書」を申請しておけば、**1カ月単位でかかった医療費が一定額を超えた場合、超えた金額が健康保険から払い戻される**ものです。

たとえば、70歳を過ぎた方（一般）では、所得にもよりますが、暦の上での1カ月あたりの医療費が4万4400円を超えれば、その分は健康保険から払い戻されます。

いかがでしょうか。案外、心配するほどではないと思われませんか？

もちろん、先進医療を受ければ、技術料は患者が全額自己負担することになりますし、入院となれば食事代や、個室に入ることによる差額ベッド代など、諸経費がかさむことにはなります。しかし、ある程度の預貯金があれば「高額療養費制度」と組み合わせてしのぐことが充分可能です。なにより、家計に余裕がない方が、毎月苦労して保険料を払うというのは本末転倒です。保険料の支払いが家計を圧迫してしまうような方は、いまから新たに医療保険に加入する必要はないといえるでしょう。

A 日本の健康保険制度には「高額療養費制度」がある。高齢者が無理に医療保険に加入して、高い保険料を払う必要はない。

終活どっち？

Q.11

自動車保険は、年齢を重ねれば重ねるほど保険料はどうなる？

「高くなる」

「安くなる」

自動車保険は、事故相手と自分の損害を補償してくれるもので、強制的に加入させられる「自賠責保険」と、自分で加入する「任意保険」で構成されています。

この自動車保険、最近では**「リスク細分型」**という仕組みが採用されており、運転者や運転環境によって細かく条件を設定し、事故率が低い人と高い人を振り分けて保険料を決めるのです。

テレビの自動車保険のコマーシャルで「お客様の年間走行距離は何キロくらいですか？」、「お客様はゴールド免許ですか？」などとオペレーターが質問している様子を観たことがあると思いますが、まさにあのような行程で保険料が決まるのです。

また、「家族限定」や「夫婦限定」の保険も、よくご存じだと思います。

運転者を家族や夫婦に限定することで保険料を安く抑えられるものです。運転免許を取ったばかりの18歳の子どもを運転者に加えたことで、保険料が急に増額してびっくりされる方もいます。

これは統計上、**若者ほど事故率が高い**ため、若い運転者が加わると保険料が高くなる仕組みだからです。反対に運転者が年齢を重ねるほど、車もコンパクトになり、冷静で無理をしない運転になっていくので、ある時点までは保険料も下がっていきます。

では、年齢が上がれば上がるほど良いのかといえば、そんなことはありません。一定の年齢を超えると、今度は一般に判断能力が落ち、距離感をつかむ能力や視力も衰え始め、運転に支障をきたすようになります。近年は高齢者のドライバーが増えており、加齢に伴う事故も増加傾向にあります。たとえば、高速道路の入口で立ち往生したり、道路を逆走したり、アクセルとブレーキを間違えて、急発進してしまったり、といった事故です。痛ましいことに、運転者よりもずっと若い人が犠牲になる死亡事故も増えています。

そこで、２０１１年4月から大手損害保険各社が年齢区分を細分化し、60歳以上の保険料を大幅に値上げしました。それまでは「35歳以上」と一括りだった区分を、「30歳以上40歳未満」、「40歳以上50歳未満」、「50歳以上60歳未満」、「60歳以上70歳未満」、「70歳以上」と10歳ごとに区切り、60歳未満に近づくほど保険料を安くし、それ以降は高額にしたのです。

このような背景から、高額になってしまった高齢者の自動車保険ですが、高くなってしまった保険料を抑えるために、できることがいくつかあります。

・「車の使用目的」から通勤・業務などを外し、レジャーなどに限定する
・年間走行距離を減らして「距離区分」を下げる
・事故時の損害額の一部を自己負担することにして保険料を抑える
・自分が負傷、死亡した際の補償内容を下げて保険料を抑える
・30歳以上の子どもがいれば、「記名被保険者」を子どもに変更する
・複数の自動車保険を比較検討して、自分に合った保険会社を見つける

もっとも、こうして保険料を安く抑えたとしても、いつかは能力に限界が訪れます。車がないと買いものや移動に困ってしまう地域に住んでいる方も多いと思いますが、取り返しがつかないような事故が起きてからでは遅いのです。あらかじめ家族とよく相談して、何歳で免許を返納するか決めておくと良いでしょう。

A 「リスク細分型」保険の導入によって、60歳までは安くなるが、それを過ぎると保険料はどんどん上がっていく。

終活どっち？

Q.12

終活の進め方として望ましいのはどっち？

「自分たちの手で進める」

「専門家の力を借りる」

「自分の人生の締めくくりなのだから、人の手を借りずに自分でやり通したい」

終活に対し、このような考えを持っている読者の方もいるのではないでしょうか。お気持ちはわかりますが、本書にも書かれている通り、終活を通じての体験は、ほとんどの人が**人生で初めてのこと**ばかりです。生命保険の見直しや遺言書の作成、財産の整理に葬儀の見積もりなどを、人生で何度も行う人は皆無でしょう。これらすべてを自分で行うには限界があります。

ですが、各分野の専門家たちは、その「人生で初めてのこと」を解決するのが生業です。年金などに関しては社会保険労務士、生活設計についてはファイナンシャルプランナー、介護については地域の包括支援センターやケアマネージャーに相談すれば、手続きの進め方だけではなく、間違えやすいポイントなどについても教わることができるはずです。

専門家から適切なアドバイスを聞くコツについては、次項で紹介したいと思います。

A 自分たちだけでは限界があるから、専門家の力を借りる！

終活どっち？

Q.13

老後の生活設計を考えるとき、最初にすべきなのはどっち？

「急いで専門家に相談する」

「紙に不安なことを書き出す」

ファイナンシャルプランナーとして、日々お金に関する相談を受けるなかで、いきなり**「私の老後は大丈夫でしょうか……」**という相談をされる方がいます。

筆者は占い師や霊能者ではないので、目の前に座った方の未来について、生年月日を聞いただけで、すべてお見通しというわけにはいきません。

プロとしては、相談者の悩みに答えるために「不安の根源」を探し出し、それを取り除くお手伝いをしなければなりません。相談する側が、自分が置かれている状況をよく理解しており、それなりに知識を持っていれば、やりとりはよりスムーズで深いものとなります。

私がオススメしているのは、専門家に老後の生活設計について相談する前に、自分の置かれている状況や、不安に感じていることを、ノートに書き出しておくことです。書き出すことで頭の中が整理され、**「何を聞きたいのか」が明確になります。**

専門家と会えたものの、雑談が盛り上がって話が横道にそれてしまい、結局、聞きたかったことが聞けなかった、というケースがよくあるのです。あらかじめ悩みをノートに書き出しておいて、それを参照しながら聞いたことをメモしていけば、解決策も一目瞭然です。「そういえば、あれを聞きにきたんだった……」と後悔することもなくなるでしょう。

反対に、あやふやな状態で相談に行くと、悪い相手に当たってしまった場合、絶好のカモになってしまいますので、気をつけなければなりません。

たとえば、保険会社の営業マンに「60歳くらいで病気になったときに、必要な入院費をカバーできる医療保険に入りたい」と相談したとします。

そんなとき、営業マンに「60歳を過ぎると保険料が高くなるので、いまのうちに加入しておきましょう！　ついでに、将来必要となる葬儀費用をカバーできる死亡保険にも入りましょう。いまが保険に入るラストチャンスですよ！」などと畳みかけられると、つい納得してしまうのです。

言いくるめられた結果、入院給付金が入院1日あたり5000円給付され、亡くなったら300万円を受け取れる保険に入ってしまい、月々の支払いが3万円を超えてしまったという方がいます。医療保険だけで良かったのに、**死亡保険にも加入したことで、保険料が非常に高額になってしまった**のです。

また、「老後にかかるお金が不安。低金利では預金が増えないのでなんとかしたい！」

という漠然とした悩みを抱えたまま、銀行に駆け込んだ方は、誠実そうな担当者に「投資信託というものがあり、比較的安定して運用できるので、購入してみませんか？」と誘われ、思わず投資してしまうことがあります。

ところが、後に現金が必要になって解約を申し出たところ、投資信託は元本割れを起こしており、**解約すると相当な損失を被ってしまう**ことがわかりました。加入を勧めてきた誠実そうな担当者に聞きたいと思っても、いつの間にか他の支店に転勤になっていたのです。

このように、相談者をカモと見なしている専門家のペースに乗せられて、不本意な結果になってしまわないように、事前に「自分は何が不安なのか」、「どうなったら満足なのか」を、紙に書き出して検討しておいてから、専門家に会いに行くことをオススメします。

A 思い立ってすぐに専門家に相談するのではなく、事前に相談内容を紙に書き出し、それに沿って不安を解消する。

終活どっち？

Q.14

老後資金が足りない！捻出方法としてオススメなのはどっち？

「自宅を売却」

「リバースモーゲージ」

もし、生活費や遊興費を切り詰めても老後資金が足りず、年金収入だけでは生活が不安だという方は、**手元の財産を処分して資金を作らなければなりません。**

とはいえ、一般の人は大量の株式や不動産を所有していませんから、処分してまとまったお金が手に入る財産といえば、現在住んでいる自宅くらいです。

自宅を売却して一時金を手に入れ、賃貸物件などに引っ越す、という方法はどうでしょう? 確かにまとまったお金が手元に残りますが、長年暮らしたマイホームを離れるのは寂しいですし、**売却代金に所得税・住民税がかかる**こともあります。

自分たちが家を出て、空き家を賃貸に出せば、我が家を手放さずに定期収入は得られますが、管理や賃貸収入の確定申告は手間がかかりますし、入居者が見つからず収入が得られないリスクもあります。

住み慣れた自宅を残したまま、老後の資金を確実に捻出したい人には、**「リバースモーゲージ」**というローン商品がオススメです。自宅を担保にして老後資金を借り、自分の死後に担保不動産を売却して一括返済する仕組みになっています。

この商品は、銀行が55歳や60歳など一定年齢以上の人を対象に融資しており、利用者は最初に自宅の土地・建物を担保として銀行に差し入れて、現金が必要になったら、銀行が定めた金額の範囲内で借り入れることができます。**融資期間は一生涯**で、毎月利息を返済するタイプと、利息も含めて死後に一括返済するタイプがあります。

銀行によって、借りた資金の利用をリフォーム費用や新築費用、住宅ローンの繰上げ返済費用などの住宅関係に限定するタイプや、生活費や旅行費、医療費など自由に使えるタイプに分かれます。

住み慣れた自宅で、豊かな老後を送りたい人にとってはうってつけの「リバースモーゲージ」ですが、注意しなければならない点もあります。

担保設定額の50％程度の借り入れになるので、ある程度の市街地に住んでいることが条件となりますし、契約者の推定相続人の同意も必要となります。銀行によっては、推定相続人が連帯保証人にならなければならないところもあります。

さらに怖いのが、**「長生き」**と**「不動産価格の下落」**、**「金利上昇」**です。

長生きをすると生活費の補填が必要となり、借り入れがかさみます。不動産価格が下落して土地の価格が下がったり、金利上昇で利息が膨らんでいけば、担保評価が借

リバースモーゲージの仕組み

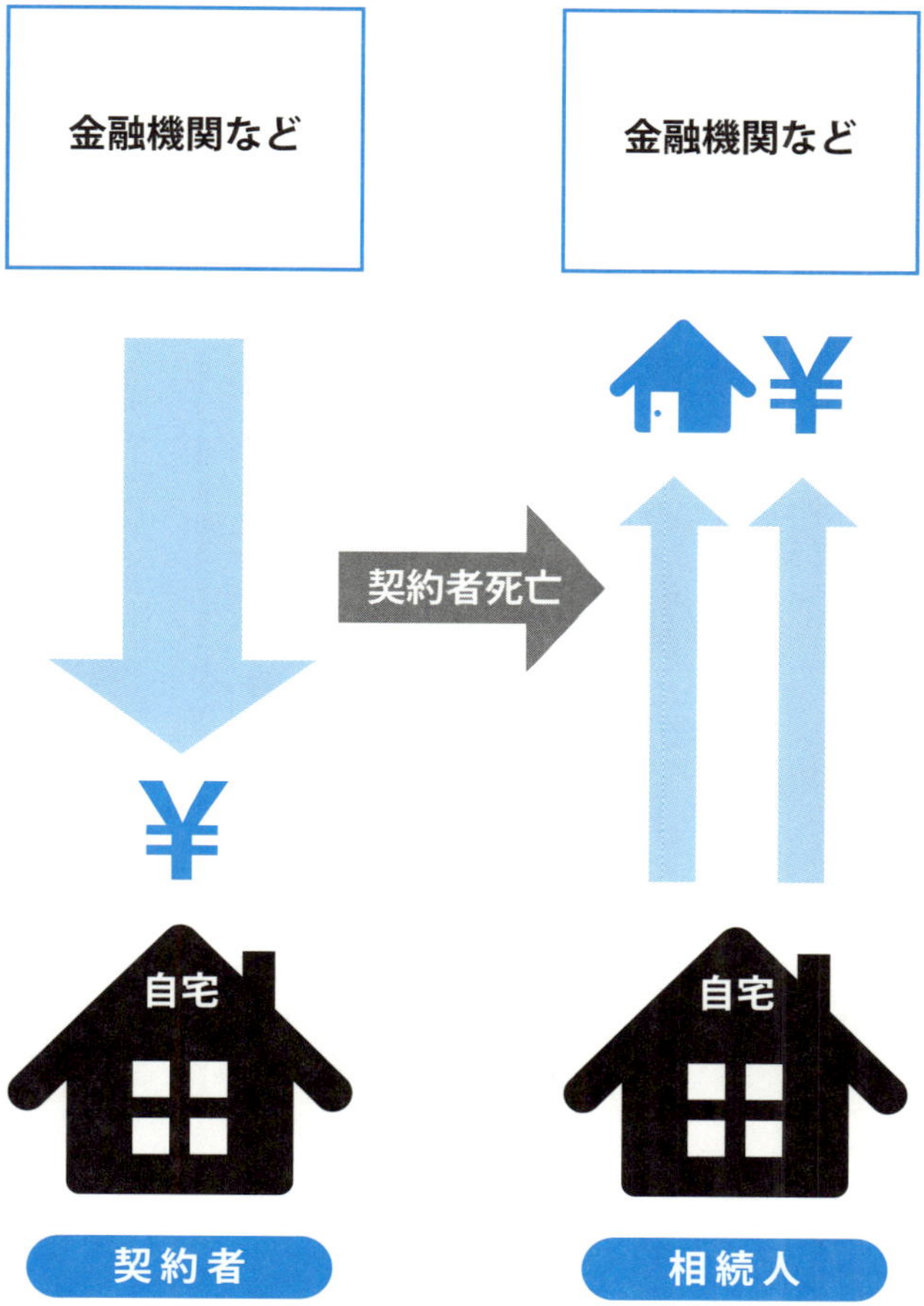

り入れ残高を下回る**「担保割れ」**になってしまい、銀行から差額分の返済を求められることになるのです。

デメリットもある「リバースモーゲージ」ですが、最近は子ども世代が実家を継がない家庭も多くなってきました。親世代が自宅を担保に現金を借り入れて自立した老後を送り、亡くなった後は、子どもたちの手を借りることなく、不動産を処分して借り入れ金を返済できれば、双方にとって都合が良いのは事実です。

ここまでに挙げた点を踏まえて、親子で話し合ってみて決めると良いでしょう。

A 自宅を手放さずに老後資金が得られる「リバースモーゲージ」がオススメだが、リスクもあるのでよく調べてから使おう。

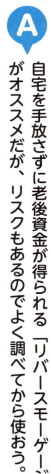

終活どっち？

Q.15

夫婦で取り組むお金の「終活」、望ましい進め方はどっち？

「もっぱら得意なほうが行う」

「喧嘩しながらでも夫婦で」

総務省統計局が発表した２０１６年のデータによると、日本全体の人口に占める高齢者の割合は、なんと27・３％となり、これは**主要国のなかでもぶっちぎり1位の数値**です。

また、２０１４年までのデータをまとめた『労働力調査』（総務省統計局）によれば、働いている高齢者の人口は２００３年から11年連続で増加、15歳以上の労働者に占める高齢者の割合も10・７％と過去最高を更新し、働いている10人にひとりが65歳以上という時代になりました。さらに驚くべきことに、妻が高齢者の共働き世代も、12年間で２・８倍に増加しているのです。

この高齢者世帯がどんな生活を送っているのかというと、２０１５年に総務省が発表した『高齢社会白書』によれば、高齢者世帯は常に健康に気を配り、旅行などの趣味を楽しんでおり、一世帯あたりおよそ２５００万円の貯蓄現在高があるとのことです。

また、若い世代のものと考えられてきたネットショッピングの利用も、２０１５年までの12年間で5倍に増加しており、なかでも、医薬品と健康食品関連の利用が多いそうです。さらに、大手スーパーでの採用の影響か、高齢者世帯の３割は電子マネーを使いこなしている、というデータもあります。

このように、**高齢者の生活様式は大きく様変わり**しています。消費が活発になったことによって、どうしてもお金がかかる生活になっているので、退職後は年金収入に頼らざるを得ない高齢者にとっては、毎月の家計管理が必要不可欠です。

もちろん、退職後の世帯には、退職金やこれまで貯めた預貯金、相続で引き継いだ財産などが残っています。それらを、近い将来に使うための財産、万が一のためにとっておく財産、子どもたちに残すための財産、と色分けをして管理しなければならないのです。


それなのに、夫婦で暮らしている方のなかには、妻か夫のどちらかが一手に家計管理を引き受けていたり、お互いがどこに、どんな形で財産を預けているのかを知らないという人が多いようです。

「そんなことは、いつでも聞ける」と思うかもしれませんが、パートナーが先に亡くなってしまったり、認知症の症状が進んだりすれば、**知る術はなくなります。**

株式や投資信託などで資産が分散しているケースがもっとも深刻です。興味のない人にとっては、利益が出ているのか、損をしているのかすらわからないのですから、金融機関の言いなりになるしかありません。

入院後に亡くなった場合でも、どんな保険に加入していたかがわからなければ、請求もままなりません。生命保険の場合、時効は3年間です。それを過ぎれば、せっかく保険料を払ってきた努力が水の泡になってしまいます。

ですから、なかには「口を開けば喧嘩ばかり」というご夫婦もいらっしゃるかもしれませんが、お金やこれからの人生についてだけは話し合っておかなければいけません。せっかく、ここまで人生をともに歩んできたのですから、**喧嘩をしながらでも、一緒にお金のことについて考えてみましょう。**そのほうが、認知症の予防にもなって良いかもしれませんよ！

A どちらかに任せきりにしては、万が一のときにたいへんなことに。喧嘩しながらでも良いから、一緒に進めるのが正解。

第3章

介護と終末期医療のどっち？

終活どっち？

Q.16

同居するなら
どっちの嫁が望ましい？

「気が利く嫁」
「気が利かない嫁」

本章では、老後を生き、終活を進めるうえでほとんどの人が直面することになる、介護と終末期医療について解説したいと思います。

まずは、とある家のお嫁さんが、義母に言葉をかけている場面を想像してください。

「お義母さん、ゴミを出してもらえますか」

「お義母さん、玄関のお掃除をお願いしてもいいですか」

「PTAの会議で帰りが遅くなるので、夕飯の支度をお願いしますね〜」

言葉だけを見ると、お嫁さんは義母のことを、家政婦か何かと勘違いしているかのようです。一般的には、このようなお嫁さんではなく、家事が得意で気が利いて、何でも身の回りの面倒を見てくれるのが「できる嫁」であるとされています。

嫁いできたのが後者であれば、義母が高齢者になってからも安心できそうです。

でも、本当にそうなのでしょうか？

2011年3月11日に発生した「東日本大震災」によって、もたらされた甚大な被害は記憶に新しいところですが、実はそれをきっかけに注目された**「生活不活発病」**という病気があります（学術名は「廃用症候群」）。これは、入院や静養などで**動かない状態**が続くことによって、心と体の機能が低下し、**動けなくなる病気**です。

「東日本大震災」では、自宅を失い、避難所での生活を余儀なくされた高齢者が多数発生しました。ここでは掃除や炊事、買いものといった家事全般ができないだけではなく、動き回ることすらも不便だったことから、彼らの運動量は低下していきました。

その後、震災後の宮城県で調査を行ったNHKが、年を追うごとに「生活不活発病」と思われる高齢者が増加していった、というデータを発表したのです。

慣れない生活に、心身ともに疲弊していく高齢者をみかねたボランティアの方などが、思いやりで**「私たちがやりましょうか」**と手を差し伸べたこともあって、被災地は「生活不活発病」の温床となってしまったのです。

高齢者は被災しなくても、定年退職や引っ越し、子ども家族との同居などをきっかけに家にこもりがちになり、体や頭を動かさなくなる傾向があります。

周りも**「お年寄りだから」**と、家に置いておき、何かと身の回りの世話をしてあげたりしますが、実はこうした気遣いこそが「生活不活発病」を引き起こすのです。

つまり、この病気の予防、ひいては寝たきりを防ぐためにも、適度に家事はこなすべきなのです。高齢者を必要以上にいたわらないことも、親孝行のうち。**気が利かないお嫁さんと住むくらいでちょうど良い**でしょう。

もちろん、とにかく高齢者をこき使えば良いというわけではありません。

筆者の母は、私が独立してからもよく我が家に遊びに来て、長いときは何カ月も滞在していきました。その間は、文句を言いながらも、掃除や洗濯、食事の支度など家事全般をこなしていました。綺麗好きな性格なので、庭の手入れや玄関周りの掃除も毎日欠かさず、いつの間にか隣近所の人とも顔見知りになっていました。

ところが、ある朝、ゴミ出しに出た際に、ゴミの上にかけてあったカラスよけのネットに足を引っかけてしまい、足首と手を複雑骨折してしまいました。子どもからの視点では、ついつい変化を見逃してしまいがちですが、**加齢とともに人間の身体機能は確実に低下**していきます。そのことは決して忘れないようにしましょう。

A 「生活不活発病」の予防のためにも、適度な家事をこなすべき。自分で動くことになる「気が利かない嫁」との同居が望ましい。

Q.17

認知症で要介護になる時期を遅らせるために、実践したほうがいいのはどっち？

「脳のトレーニング」

「有酸素運動」

「生活不活発病」の予防も大切ですが、なんといっても高齢者の大敵となるのが**認知症**です。いくら体が丈夫な人でも、認知症が中等度くらいまで進行すると、ひとりでは暮らせないので、どうしても介護が必要になります。

認知症のなかでも圧倒的に多い**「アルツハイマー型認知症」**は、脳にタンパク質のゴミが溜まることによって、神経細胞が死滅していくとされる病気です。進行性なので、数年かけて症状が重くなり、記憶力や判断力が低下していき、やがては死に至ります。

驚いたことに、この脳のゴミは、認知症の症状が現れる20年前くらいから溜まり始めるそうです。脳には、このゴミが増え過ぎないように掃除するシステムも備わっているのですが、何らかの原因でそれがうまく働かなくなり、ゴミが溜まり続けると、認知症を発症するとのことです。

実は、認知症の治療と予防の研究の結果、この脳のゴミが溜まりにくいようにする方法がわかってきました。

それはゲームやドリルを解く「脳のトレーニング」でしょうか?

いいえ、違います。なんと**「有酸素運動」**なのです。

適度な運動は血圧を低下させて脳の血流を促すため、認知症の発症を抑える効果があるのです。それだけではなく、ウォーキングやジョギング、サイクリング、エアロビクス、水泳などの「有酸素運動」を行うと、脳のゴミを掃除してくれる酵素が増えるうえ、脳の記憶装置である「海馬」周辺の神経細胞を活性化する物質が増えることも、近年明らかになりました。

加えて、肥満や糖尿病に代表される**生活習慣病の悪化が、認知症の発症を早める**ことも医学的に証明されています。

特に、血糖値の高い状態が続くと、大切な海馬の神経細胞が死滅し、脳が萎縮してしまうのです。いわゆる「メタボリックシンドローム（メタボ）」は、脳卒中や心筋梗塞を発症するリスクを高めるのと同時に、認知症の悪化因子でもあるのです。

「メタボ」を放っておくと、肥満が運動不足につながって筋力が衰え、やがて寝たきりの状態になっていきますが、そこに認知症が加わってしまうと、介護する側の負担は計り知れません。

子どものためにも、また自分自身のためにも、認知症はできるだけ遠ざけたい病気です。現代の医学でも、まだ認知症の根治薬は実用化されていませんが、**生活習慣病**

を予防することで認知症が防げるなら、こんなに良いことはありませんよね。

事実、欧米では政府主導で実践してきた生活習慣病予防対策の効果が現れ、認知症患者の数が確実に減ってきているのです。

家にこもってじっと座ったまま、脳のトレーニングをするヒマがあったら、スクワット20回を日課にする、あるいは外に出てウォーキングやジョギングをするほうが、確実に認知症の予防になります。

少しでも長く、自立して活動的な生活を続けるために、また認知症にかからないようにと願うなら、老後に備えて「貯金」をするのと同じくらい、「貯筋」をしておくことが大切なのです。

A

「有酸素運動」には認知症の発症を抑える効果があるうえに、生活習慣病の予防にもつながるため、一挙両得！

終活どっち？

Q.18

高齢者にとって、より頼れるのはどっち？

「遠くに住む兄弟や子ども」

「近所の親しい友人」

いくら健康に気を遣って、活動的な毎日を送っていたとしても、**人間には必ず、衰えがやってきます**。もし、高齢者の身でひとり暮らしになってしまったり、配偶者が認知症や寝たきりになってしまった場合、周囲の誰を頼れば良いのでしょうか？

自分の子どもや兄弟が近くに住んでいるのがいちばんですが、核家族化が進んだ現代、遠く離れた土地で孤立してしまうことも、決して珍しくありません。もちろん、顔は見えなくても、最近では携帯電話でいつでも連絡がとれますし、民間の見守りサービスも充実しており、遠方の親類が高齢者の状態を把握しやすくはなりました。

しかし、気になるデータがあります。

厚生労働省が２０１４年に発表した**「介護が必要になった主な原因」**についての調査結果では、男性の28・４％が脳梗塞やくも膜下出血などの「脳血管疾患」で、13・３％が「認知症」、５・６％が「骨折・転倒」がもとで介護が必要になったとあります。

一方で女性は、「認知症」が17・１％でトップとなり、次いで15・１％の「骨折・転倒」、15％の「高齢による衰弱」が続いています。（『国民生活調査』）。

ここから読み取れるのは、男女問わず、介護が必要となった人のおよそ30％は、「脳血管疾患」と「骨折・転倒」という、突発的なトラブルに見舞われているということです。発見が遅れての重症化や、万が一の事態を防ぎたいなら、**遠隔地からの見守りには限界がある**と理解しておかなければなりません。

つまり、高齢者にとって頼りにすべきは、近所の友人ということです。

人間には多かれ少なかれ、日々の生活サイクルがあります。買いものや通院、カルチャースクールへの参加などを、近所の人たちは知らず知らずの間に把握しています。

彼らと定期的に話をしたり、様子を知らせたりしていると、**ちょっとした変化に気づいてもらえ**、早めの対応を取ることができます。

筆者が見聞きした事例をひとつ紹介しましょう。

85歳になる女性のAさんは、子どもたちとは離れて、地方でひとり暮らしをしています。家の左隣には70代の夫婦、右隣には60代の夫婦が住んでおり、Aさんは彼らととても親しくしていました。何十年も惣菜を買った覚えがない、というほど料理好きなAさんは、たくさん料理を作っては、両隣におすそ分けをしていました。

両隣の夫婦も、Aさんをとても気にかけていたことから、Aさんは合い鍵を両隣に預け、70代の夫婦には毎日電話をワンコールだけかけて、無事を知らせていました。

東京に住んでいる子どもたちも、両隣の夫婦に感謝し、連絡先を交換して、帰省するときにはお土産を持参して挨拶に行っていました。

そんなAさんでしたが、ある日、目まいを起こして倒れ、腰を強く打って動けなくなってしまいました。それを、隣に住む60代の奥さんが偶然発見し、合い鍵を使って中に入ると、すぐに抱きかかえてベッドに寝かせ、救急車を呼んでくれたのです。

このように、Aさんと両隣の夫婦は、ただのご近所さんではありませんでした。**日頃から気遣いを欠かさず**、子どもたちも両隣の夫婦に感謝を表していたからこそ、彼らもAさんを気にかけていてくれたのです。

元気なうちから、地域の活動には積極的に参加し、親しい友人を作っておくのが大切になります。もちろん、お互い様ですから、困っている人がいたら援助することを忘れないようにしましょう。

A　遠方の親族のフォローには限界がある。日頃からご近所さんとの関係を構築していれば、いざというときに助け合える。

終活どっち？

Q.19

老後の資金に対する影響がより大きいのはどっち？

「生活状態」

「健康状態」

「老後に備えるための資金は、いくら準備しておけば安心ですか？」とよく聞かれます。もちろん、各家庭の状況によって答えは異なりますが、共通しているのは、高齢者の支出は**「生活支出」**と**「医療・介護費」**に大きく分けられ、それぞれの性格と、対処法が異なるということです。

まず「生活支出」は、**「生活状態」**、つまり日々の暮らしぶりによって決まります。一般的に退職後の高齢者は、主な収入である公的年金と、それまでに貯めた預貯金を取り崩しながら生活することになります。現役時代に高収入だった人は、引退後も生活費が高めで、月ごとの支出も大きくなりがちです。

お食事会や旅行など、一度にまとまってお金が出ていくイベントも多く、貯蓄が多くてもあっという間に預貯金が底をついてしまいます。こうならないためには、手元にお金があるうちに、自分のこれまでの「生活状態」を見直し、計画を立てて日々を過ごさなければなりません。

逆に預貯金がほとんどなくても、マイホームを持ち、食事は自炊で済ませ、お金がかかる趣味や交友関係がなければ、年金だけで充分まかなっていくことができます。

このように「生活支出」は、「生活状態」によって大きく変わります。**家計を見直すことで、いくらでも改善できる**のです。

次に、**「健康状態」**によって決まる「医療・介護費」です。

介護の未経験者がもっとも不安を覚えているのが、介護にかかる出費でしょう。にもかかわらず、ほとんどの人が介護についての経済的な準備をしていません。いくらかかるのか、ざっと計算してみましょう。

ここ5年ほどの日本人の平均寿命は、おおよそ男性80歳、女性87歳で推移しています。もちろん、世界でもトップクラスの長寿国です。

それでは、自立した生活を送ることができる期間を指す「健康寿命」ではどうでしょう。ワシントン大学が2015年にまとめたデータによると、男性が71・11歳、女性が75・56歳で、平均寿命との差は、男性約9年、女性約11年です。つまり、**この期間に医療費や介護費がかかる**ケースが増えてきます。

次に、2015年の生命保険文化センターの調査では、ひと月あたりの介護費用の平均は約8万円。これは介護保険サービスの自己負担額、介護保険の支給限度額を超えた費用や介護保険の対象外のサービス利用料金、施設の食費・居住費・管理費を合計したものです。

さらに、平均介護期間が約5年であるとの統計に従えば、8万円×12カ月×5年＝480万円という計算が成り立ちます。この他に、介護生活用のリフォーム代などとして20万～100万円が加わるので、**夫婦であれば1000万円ほど**費用がかかることになります。

あくまで統計から導き出した平均値ですが、これらの費用を、前述した健康寿命が終わる年齢までに用意しておきたいところです。さらに、病気や怪我といった予測不可能な医療費が重なるケースがあることも忘れないでください。

つまり、計画次第でいくらでもコントロールが可能な「生活状態」よりも、事態の予測がしにくい「健康状態」のほうが、老後資金に与えるインパクトが大きいのです。

A コントロールが難しく、影響が大きい「健康状態」による支出に備え、まずは自分で節約できる「生活状態」の見直しを！

終活どっち？

Q.20

民間の介護保険に加入するならどっちがオススメ？

「連動型」

「非連動型」

高齢者としては要介護状態にならないよう、健康に気を遣うのがいちばんですが、介護が必要となる場合にも備えなければなりません。社会保障制度としての公的な介護保険制度に頼るのが第一の選択肢となりますが、自助努力として民間の保険会社が運営する介護保険にも加入しておく手があります。

民間の介護保険の支払い要件は大きく分けて、「要介護度2以上」というふうに、**公的介護保険に連動する「連動型」**と「要介護状態が○○日以上でさらに……」などと、**保険会社が独自に支払い基準を定めている「非連動型」**があります。

どんな時に一時金や年金が支給されるのか、わかりやすいのは「連動型」です。

受け取り方については、300万円などまとまった一時金が出る「一時金型」、毎年50万円を受け取るなどの「年金型」、そして2つを合わせたタイプがあります。

保障期間も一定期間だけのものもあれば、一生涯の終身タイプもありますが、**支払い基準が緩く、保障期間が長いものほど、保険料が高くなる**ので注意しましょう。

A 独自の基準を満たさないと給付を受けられない「非連動型」ではなく基準がわかりやすい「連動型」がオススメ！

終活どっち？

Q.21

介護について子ども世代が最初に知るべきなのはどっち？

「親の希望」

「親の収入と財産」

家族に介護が必要になったら、後述するケアマネージャーのところへ相談に行くのですが、その前に、家族間の希望をまとめることが大切です。**どこで、どのように過ごしたいか**は、介護を受ける本人のこれからにとって、とても大切だからです。「わがままを言ってはいけない」、「私さえ我慢すれば……」といった遠慮は極力排除してもらい、住まいや介護の希望、家族の事情などをうまく聞き出してから、相談に行きましょう。

しかし、希望だけではなく、ここではお金のこともはっきりさせておかなければなりません。多くの人は親に対して、できる限りのことをしてあげたいと考えていますが、現実問題として、介護の期間が長くなればなるほど、金銭的な負担は増していくからです。本章で指摘したように、平均的な介護費用を、平均的な期間で使うことになれば、**夫婦で1000万円はかかる**のです。

そこで頼りとしたいのが、親の収入と財産です。

現役時代に大企業の会社員や公務員として働いていた人は、比較的高額な公的年金を受給していることが多いので、月々の介護費を年金から捻出できるケースも少なくありません。しかし、国民年金にしか加入していなかった自営業者や個人事業主の人は、40年間にわたって国民年金を払っていたとしても、1カ月あたり6・5万円弱です。ひと月あたりの介護費用の平均は約8万円ですから、これでは不足です。

また、妻が共働きだったか、専業主婦だったかによっても世帯の年金は大きく変わりますし、個人年金や不動産収入の有無も気になるところです。

子どもにとっては、親の懐事情をあれこれ調べるのは気が引けるかもしれませんが、大切な親の介護にいくらかけられるのかを知るうえでは、避けて通れないプロセスなのです。

このように、**介護費用は、まずは親の財産、特に年金から捻出する**ことを前提に考えます。不足したときに、誰がいくら出すのかを検討するのはそのあとです。

子ども世代も教育費に家のローン、自分たちの老後資金など、問題を抱えていますから、早いうちに情報を共有しておいたほうが安心です。前述しましたが、高齢者は突発的な事故によって要介護者となる場合も多いのです。

というわけで、子ども世代が最初に知るべきなのは、親の希望ではなく、その収入と財産です。32ページで「これから入るお金」、「いま持っているお金」を把握してから、「何に、どれだけかけられるのか」を考えるべきだと述べましたが、介護の費用についても同じなのです。

かけられるお金が少なかった場合は、家族で介護したり、民間のボランティアに依頼したり、できる範囲内で充分な介護ができるように、ケアマネージャーと相談しながら介護計画を立てましょう。

良い介護は、良い準備から始まるということを、覚えておいてください。

A

子ども世代は「親の希望」を第一に考えたいと思っているが、そのためには「親の収入と財産」の情報を共有しなければならない。

終活どっち？

Q.22

介護の強い味方、ケアマネージャー。正しい選び方はどっち？

「地元に密着した人を選ぶ」

「キャリアや所属先で選ぶ」

要介護認定を受けたら、まずお世話になるのがケアマネージャーです。

ケアマネージャーは、私たちが介護保険サービスを利用する手助けをしてくれる存在で、利用者が住宅や施設で適切なサービスが受けられるように「ケアプラン」を作成したり、関係機関への連絡や調整を行ったりしています。**介護が必要な人と、介護保険サービスをつなぐ大切な役割**を担っているのです。

ケアマネージャーを探す方法としては、知人から紹介してもらうか、高齢者への総合的な生活支援の窓口として設置されている、各市区町村の地域包括センターで一覧表を見せてもらうのが、もっとも手っ取り早いでしょう。

このうちの地域包括センターでは、同じ市区町村で活動しているケアマネージャーを紹介されることが多いようです。要介護者にはトラブルがつきものですが、地元密着型のケアマネージャーであれば素早い対応が可能ですし、地域の情報にも精通しています。

ですから、**「地元に密着した人を選ぶ」**というのは正しい選択といえます。

さて、ケアマネージャーになるには、各都道府県が実施する難関試験に合格しなければなりません。さらに、保健・福祉・医療分野での5年（日数にして900日以上）の実務経験が必須とされるため、彼らは、全員が現場に精通したプロフェッショナルなのです。

この実務経験をどこで積んだかによって、ケアマネージャーとしての専門が**「医療系」**と**「介護系」**に分かれます。

看護師など、医療系の国家資格や実務経験を持っていれば**「医療系」**とされます。重い持病があったり、終末期のケアが必要なサービス利用者にとっては、心強い存在となるでしょう。

一方、介護福祉士などの国家資格や実務経験を持っているケアマネージャーは**「福祉系」**とされ、彼らからは介護の現場で培った、豊富な経験に基づいたアドバイスを聞くことができます。

まれにオールマイティーな知識を持つケアマネージャーもいますが、基本的には得意分野が分かれていますので、それぞれの経歴や所持している資格を確認してから選ぶと、間違いがないでしょう。

また、ケアマネージャーは必ず「居宅介護支援事業所」に所属していますが、ここには、たいてい介護施設が併設されています。所属しているケアマネージャーを選ぶことで、そのサービスが受けやすくなる面は確実にあるため、利用したい事業所によって選ぶというのも悪くない方法です。

つまり**「キャリアや所属先で選ぶ」**というのも、ひとつの方法なのです。

二択問題という形式で進めてきた本書ですが、今回に限っては**どちらも正解**です。

ちなみに、筆者が考える「理想のケアマネージャー」とは、豊富な経験を持つことはもちろん、話をじっくりと聞いてくれて、提案型で行動が早く、報告・連絡が確実で、介護保険以外の福祉サービスにも詳しい方です。参考にしてみてください。

ケアマネージャーは、一度選んでも選び直すことができます。安心して自分の、もしくは大切な人の介護を任せられる人に出会えると良いですね。

A 「地元に密着した人を選ぶ」、「キャリアや所属先で選ぶ」どちらも正解。安心して任せられる人をじっくり選ぼう。

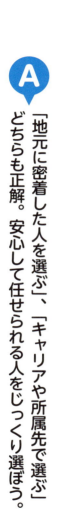

終活どっち？

Q.23

要介護度2で利用できるのはどっち？

「特別養護老人ホーム」

「サービス付き高齢者住宅」

「終《つい》の棲家《すみか》」という言葉があるように、ほとんどの高齢者は人生の終わりまで、住み慣れた自宅で過ごしたいと願っています。それでも、さまざまな理由から、高齢者向けの施設を利用するケースがあります。

「高齢の親と病気の配偶者、両方を介護するW《ダブル》介護に陥ってしまった」、「子どもたちが遠方に住んでいて頼れない」、「家族が認知症で徘徊するようになり、自分たちだけで面倒を見るのが難しくなってしまった」などの理由です。

　こうしたケースでは、親戚やご近所さんから「家族を捨てた」と思われるのではないかと、自分を責めてしまう子ども世代や配偶者もいますが、**介護する側の疲労が蓄積して共倒れになってしまう**ことこそ、もっとも避けなければならない事態です。

　では、自立が難しくなった高齢者は、どのような施設を利用すれば良いのでしょうか？　ここでは「要介護度2」の高齢者を例に挙げたいと思います。

「要介護度2」といえば、立ち上がったときや歩行時などに人の助けを必要とするものの、身の回りの世話は自分で行えるとされる「要介護度1」よりも衰えが進み、ひとりで起き上がったり歩くことが多くの場合困難で、食事やトイレといった基本的な行動についてもサポートが必要になった段階です。

さて、高齢者向けの施設と聞いて、多くの人は真っ先に**「特別養護老人ホーム（特養）」**を思い浮かべるのではないでしょうか。現在、もっとも需要がある高齢者向け施設であり、地域によっては何百人、何千人待ちというケースもあります。費用は入居者の要介護度や病状、所得によって変動しますが、およそ月5万5000円から16万円前後になります（介護保険の自己負担率が1割の場合）。

食事やトイレ、入浴などの介助だけではなく、日常生活のサポートや健康管理も受けられる施設です。ただし、起き上がったり歩いたりすることができず、排泄や入浴、衣類の着脱などにも介助が必要となる**「要介護度3」の認定が必要**となります。

というわけで、「要介護度2」でも入居できるのは、民間の賃貸住宅である**「サービス付き高齢者向け住宅（サ高住）」**のほうです。

スタッフが常駐しており、安否確認と生活相談のサービスを受けられます。サービスの内容は施設によってピンからキリまであり、内部に訪問介護ステーションを設置していたり、看取りまでの医療サービスを提供したりするなど、「有料老人ホーム」のような手厚い施設もあれば、門外漢の企業が運営しているところもあります。

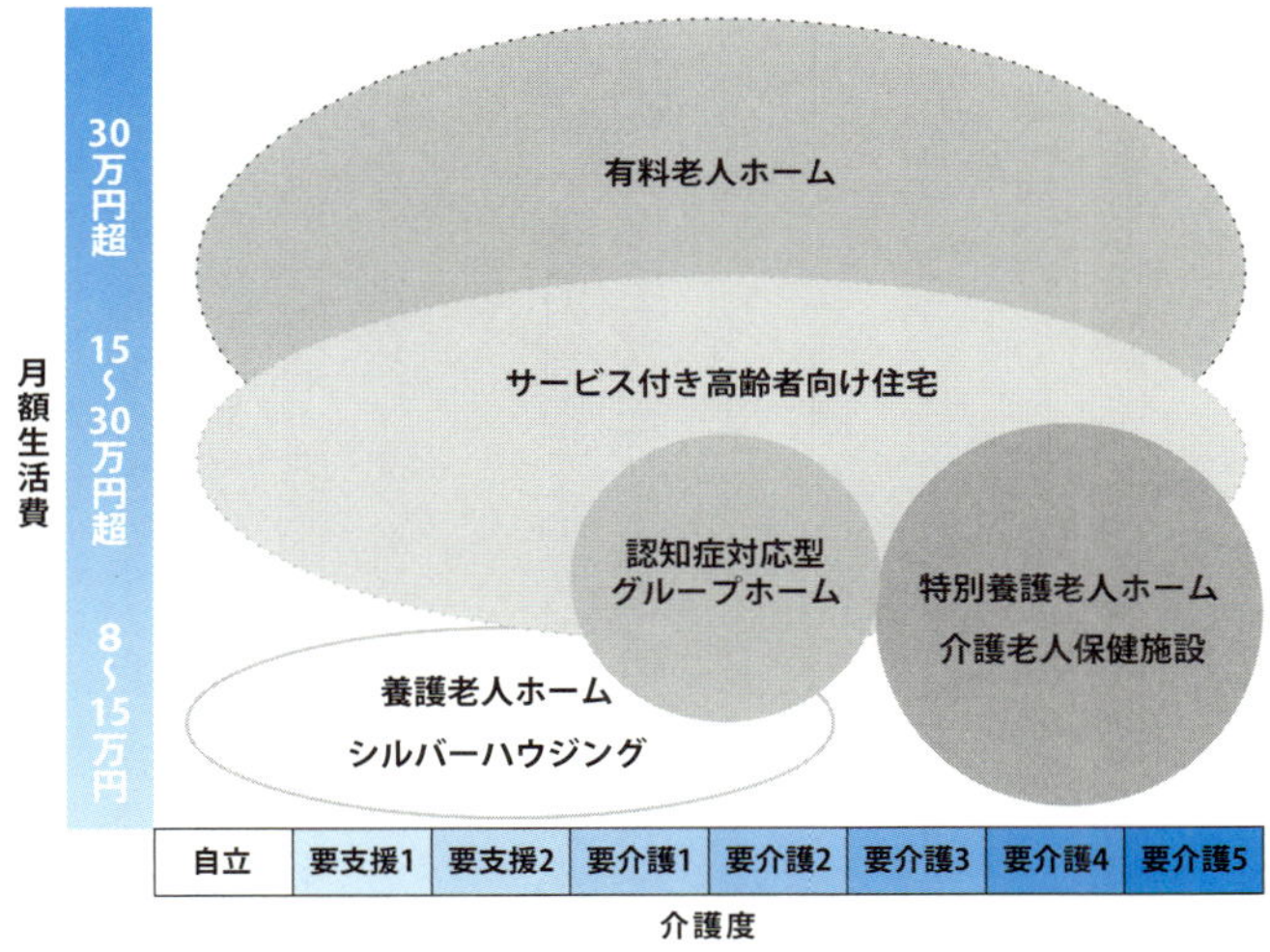

そのため、入居前のリサーチが欠かせません。費用は月額10万円から20万円ですが、賃貸住宅ですので、敷金などの初期費用が数十万円かかると考えておきましょう。

他にも、ある程度の自立を前提とした施設としては、住居と生活支援サービスが付いた「有料老人ホーム」、基本的に自立している人を対象とした「ケアハウス」、デイサービスなどの介護施設に隣接した住まいを提供する「生活支援ハウス」、生活援助員による相談や緊急時対応のサービスがある「シルバーハウジング」、支援員によるサポートが受けられる「養護老人ホーム」などがあります。

逆に、食事の用意や入浴が自力では難しくなってしまった人向けとなるのは、「特別養護老人ホーム」の他に、在宅生活への復帰を目指す「介護老人保健施設」や、認知症の進行を遅らせることに重点を置いた「認知症対応型グループホーム」、外部委託ではなく、職員による介護サービスが受けられる「有料老人ホーム」などがあります。

A 要介護度2で入居できるのは「サービス付き高齢者向け住宅」。さまざまな種類があるので、利用者に合ったものを選ぼう。

終活どっち？

Q.24

認知症の親の介護をする場所を選ぶとき、最初に考えるべきなのはどっち？

「在宅で介護する」

「施設に入所してもらう」

認知症のなかでももっとも多いのが、「アルツハイマー型認知症」です。
発症すると、ものごとを覚えておくための記憶力、言葉を話し理解する言語能力、ものごとを決めるための判断力、数字を理解し計算する計算力、行動を計画し実行する遂行力といった**「認知機能」が徐々に低下**しますが、はっきりとした初期症状が出るのは、発症から約5年後だとされています。

では、家族が、この「アルツハイマー型認知症」を発症してしまった場合、どこで介護をすれば良いのでしょう？　在宅で介護するとなると、周囲の負担も大きいです。日常生活の全面的な介助が受けられる施設に入所してもらえば、確かに安心でしょう。しかし、前項で触れたように、発症したからといって、すぐに「特別養護老人ホーム」に入所できるわけではありません。

高額な一時入所金と月々の費用を支払って「有料老人ホーム」に入所するだけの財力がある家庭は別として、介護申請をして要介護認定を取得し、それが「要介護度3」に引き上げられるというプロセスを踏まなければ、**入所の申し込みすらできません**。

ようやく申し込めても、希望する施設に入るまでに3年から5年も順番待ちをすることも珍しくありません。

それまでは、否が応でも**在宅で介護するしかない**のです。同居でも、別居していても、家族の出番です。時間と労力、財力と相談しつつ、地域の介護サービスの手を借りて乗り切るしかありません。

くれぐれも、慌てて「有料老人ホーム」を探してはいけません。入居してから本人に合わないとわかっても、一時入所金の全額は戻ってこないですし、月々の支払いができなくなれば、退去しなければなりません。

まずは、前述したように、本人の住民票がある地域の包括支援センターで相談して介護認定を受け、ケアマネージャーに「ケアプラン」を作成してもらうことからスタートします。

在宅型の介護サービスとしては、自宅で受けられる**「訪問型」**と、こちらから通って介護を受ける**「通所型」**があります。

「訪問型」のものとしては、ホームヘルパーにおむつ交換や食事、掃除・洗濯などの生活支援をして欲しいときに使う「訪問介護」や、看護師が自宅を訪問してくれる「訪問看護」などがあります。

「通所型」としては、施設に通うことで入浴や食事の世話をしてもらえて、同世代の仲間もできる「デイサービス」や、理学療法士などのスタッフが常駐して、リハビリを進める「デイケア」などがあります。

「ヘルパーさん？　他人が家に入り込むのは絶対に嫌だ」、**「知らない人だらけのデイサービスに通うなんて、とんでもない！」**などと、サービスの利用を拒否する人も珍しくありませんが、試しに体験させてみたら、意外と便利で、喜んで使うものです。

特に女性は、自分の家に他人を入れることに拒否感を持つ場合が多いのですが、プロの介護ヘルパーは高齢者の心を開く技術を持っていますから、最初から「ウチの親は頑固だから無理だ」と決めつけないことが大切です。

日本は「超高齢化社会」に変貌しつつあります。現在、親の介護をしている世代が高齢者になる頃には、施設もスタッフも足りず、**自宅での介護が主流にならざるを得ない**時代がくるのかもしれません。

A　認知症を発症したからといって、すぐに施設に入所できるわけではない。まずは在宅で介護する態勢を整えることから。

終活どっち？

Q.25

介護のスタイルとして正しいのはどれ？

「Uターン介護」

「遠距離介護」

「呼び寄せ介護」

親の介護を始めるとき、あるいは自分が子どもに介護してもらう必要に迫られたとき、重要なのは**「どこにフィールドを設定するか」**ということです。それによって、前ページに挙げた3つのスタイルのどれかを選ぶことになります。

まずは**「Uターン介護」**ですが、これは子どもが実家に帰って親を介護する方法です。自分自身の子どもも独立し、定年を迎え、いずれは実家に帰りたいと願っていた場合に、これを選びます。しかし、「Uターン介護」を選んだために、親が「特別養護老人ホーム」に入れなくなってしまうこともあります。

入所の優先順位は単純な順番待ちではありません。年齢が高くなればなるほど有利ですし、家族が同居しておらず、主たる介護者が働いていてすぐに通えない場所に住んでおり、別の家族の介護に携わっているなどの条件が重なるほど、点数が加算されて入りやすくなります。

つまり、介護できる可能性のある家族が同居している場合は、**優先順位が下がってしまう**のです。

運良く、「特別養護老人ホーム」や「介護老人保健施設」、「認知症対応型グループホーム」などに入所できたとしても、介護する側には、さまざまな負担が生じます。

介護サービスの従事者から示される「ケアプラン」を確認して署名・捺印したり、施設の行事に参加したりすることはもちろん、持病があれば定期的な通院にも付き添わなければならないでしょう。

「特別養護老人ホーム」の場合は、通院にも車と付き添いをつけてもらえますが、施設によってシステムも異なりますので、あらかじめ入念な打ち合わせが必要です。

具体的には、「急病やケガの際の病院搬送はどうなっているのか」、「看取りまで行ってくれるのか」、「近くの医療機関に長期療養型病床は何床くらいあるのか」、「入院した場合、何カ月間までだったら、退院後に特養に戻ることが可能なのか」、などです。

子どもが親のもとへ通う**「遠距離介護」**の場合、こうした負担がより重くなるわけです。まして、新幹線や飛行機を使わなければ帰省できないないほどの距離があると、交通費もかさみます。

ただし、飛行機の場合は、「帰省介護割引」という制度があるので、航空会社に問い合わせて、上手に利用してください。

「呼び寄せ介護」は、「Uターン介護」や「遠距離介護」のように子どもが動くのではなく、親を自宅もしくは近くに呼び寄せて面倒を見る方法です。子ども世代はそれまでの暮らしを変えることなく、親を目の届くところに置いておける利点がありますが、親は住み慣れた場所を離れなければなりません。

「長年親しんだ地域を離れたくない。友だちと分かれて暮らすのは嫌だ」と主張する人も多いのですが、自宅を処分して高額な一時入所金を払い、地元の「有料老人ホーム」に入ったものの、90歳を超える超高齢者になったら、友達は全員亡くなるか寝たきりになってしまい、地元に残った意味がなくなったという話もよく聞きます。

ですから、まずは「特別養護老人ホーム」への入所が有利な**「遠距離介護」で対処**し、施設に入れず親が長生きして超高齢者になったら**「Uターン介護」か「呼び寄せ介護」への移行を考える**のが自然な選択といえます。

A **介護サービスを受けるのに有利なのが「遠距離介護」、子どもの負担が少ないのが「呼び寄せ介護」、一見すると理想的だが、デメリットも大きいのが「Uターン介護」となる。**

終活どっち？

Q.26

余命宣告を受けたとき、日本で認められているのはどっち？

「安楽死」

「尊厳死」

介護にまつわる疑問に答えてきましたが、ここからは人生の締めくくりである終末期医療を取り上げたいと思います。

「安楽死」と**「尊厳死」**、どちらも人の判断で命を終わらせることには変わりありませんが、大きく内実が異なります。終活についての講演活動を行っていると、この2つの区別がついていない人が多いことに驚かされました。

「尊厳死」とは、**「余命いくばくもない状態になったら、ただ命を長らえるだけの延命措置は行わないで欲しい」**とあらかじめ周囲に伝え、自然な死を迎えることです。

延命措置の代表格といえば、「胃ろう」。人は、口からものを食べることができなくなれば、栄養が足りなくなって自然な死を迎えますが、胃ろうでは腹部を小さく切開し、胃のあたりの皮膚に孔を開ける処置をして、そこから管で栄養を補給します。

他にも中心静脈から栄養を投与する「ＩＶＨ」や、自分で呼吸ができなくなった患者の気管を切開し、管を入れて人工呼吸器を装着するなどの延命措置があります。

一時的に死は遠ざかりますが、静かで自然な死を邪魔しているとの見方もあります。

一方で、「安楽死」は一般には、死期が迫っており、耐え難い肉体的苦痛から**「早く逝かせて欲しい」**と望む患者を、医師が積極的な医療行為で死に至らしめることを指します。オランダやベルギー、アメリカのオレゴン州などでは合法ですが、日本では殺人罪に問われる可能性があり、実際にいくつかの病院で事件となっています。

というわけで、日本で認められているのは「尊厳死」です。

では、「尊厳死」を望む場合、どのように周囲に伝えれば良いのでしょうか。

1976年から「尊厳死」という選択肢を周知させる取り組みをしてきた、「日本尊厳死協会」という団体があります。「尊厳死」という概念が社会に広まったあとは、**「尊厳死の宣言書（リビング・ウィル）」**の登録・管理を行っています。

この宣言書は、「延命措置はしなくてもいい」、「苦痛を除く治療は希望する」、「生命維持の措置は必要ない」という3項目の意思表示をするだけの簡単なものです。

しかし、これだけでは、実際の医療現場では情報が足りません。

急に倒れて救急車で搬送されたような場合、医療現場は次々に具体的な判断をしなければならないからです。

駆けつけた家族は「心臓マッサージはしますか!?」、「気管を切開して人工呼吸器を付けて良いですか!?」と矢継ぎ早に聞かれ、本人が普段から「尊厳死」を望んでいたことにまで頭が回らず、「あ……はい、お願いします」と答えることになりがちです。

医療に従事する人の使命は、できる限りの治療で患者の命を救うことですから、当然の成り行きです。

このような事態を避けるためには、「尊厳死の宣言書」だけではなく、本人の判断力があるうちに、**「終末期医療の事前指示書」**や**「医療処置意思確認書」**を作成しておくことが大切です。延命治療や救急措置など、各ケース別に自分の意思を記しておくもので、病院や老人ホームへ入るときに記入することも多くなりました。

免許証などの身分証明書と一緒に持ち歩いたり、何枚かコピーしてかかりつけ医や家族に渡しておきましょう。

A 日本では「安楽死」は違法であり「尊厳死」のみ認められる。望む場合はあらかじめ文書を作成して携行しておこう。

終活どっち？

Q.27

高齢者の寝たきりが多いのはどっち？

「福祉大国・デンマーク」

「長寿国・日本」

日本の介護福祉システムや終末期医療について解説してきましたが、海外の事情にも触れておきましょう。

ヨーロッパ諸国は社会福祉が手厚いことで知られていますが、なかでもデンマークの充実ぶりには目を見張ります。たとえば、幼稚園から大学に至るまで、教育費は無料です。18歳から選挙権が与えられて大人とみなされますが、大学在学中は毎月5000クローネ（約8万2000円）が国から支給されるのです。

医療費も無料で、老後はというと、民間企業や団体による高齢者の介護は禁じられており、**すべてのサポートは行政組織によって行われます**。無料で各家庭に介護スタッフが派遣され、トイレや着替え、食事などのお手伝いをしてくれるのです。

他にも高齢者支援を目的としたボランティア団体があり、家族の代わりに看取りをしてくれるサービスなどもあります。もちろん、高福祉と引き替えに、国民には税負担がのしかかります。国民負担率（所得に対する税・社会保障負担が占める割合）は、日本の約40％に比べ約70％と圧倒的です。

ところで、日本では病気や怪我をきっかけとして寝たきりになってしまう高齢者が社会問題となっていますが、福祉大国・デンマークもまた同じ悩みを抱えているのでしょうか？　その問題のヒントとなるのが、**両国の医療費のかけ方の違い**です。

たとえば、日本では風邪を引いて高熱が出たとき、真っ先に病院に行って診察してもらい、抗生物質や頭痛薬、解熱剤、胃腸薬などが処方され、場合によっては血液検査や点滴の投与が行われます。

対してデンマークでは、風邪を引いたら、まずは「家庭医（かかりつけ医）」に診てもらうことになっています。「家庭医」がさらなる検査や治療が必要だと判断しない限り、大きな専門病院に行くことはできないのです。

さらに、「家庭医」は必要最低限の治療しかせず、なかなか薬も処方しません。自宅で安静にしていればいずれ治る風邪に対してコストをかけることは、税金の無駄遣いであり、「家庭医」失格とされるのです。

高齢者福祉も同じ発想で行われます。福祉施設に入所している認知症の高齢者が、重症化して口からものが食べられなくなると、**「自然な死へと向かっている」**と判断されます。原則として、栄養剤の点滴や、前項で紹介した胃ろうは実施されません。やがてその高齢者は、数日から数週間で亡くなることになります。

冷たいようですが、その代わり最期まで自分らしく、自尊心を失わないように暮らすための工夫が随所に施されています。筆者が北欧を視察した際に訪れた施設では、それぞれが自室に使い慣れた家具を持ち込み、自宅のように生活していました。

また、食事やトイレなどの身の回りの世話も、**できる限り自分で行う**というのが原則でした。部屋の入り口やトイレのドアなどは、赤や緑などのはっきりとした色で塗られ、外へ通じるドアなど危険な出入り口はグレーや白の配色になっていました。これは、「認知症の人はグレーや白は認識しにくいが、はっきりした色は認識しやすい」という現場の知恵から出たものです。

というわけで、デンマークの高齢者は寝たきりになる前に、自然な死を迎えているため、日本のような問題は起こらないのです。我が国も以前に比べ、「一分一秒でも長く生きる」より、**「自分らしく生きる」**ことに主眼が置かれつつあります。デンマークの終末期医療には、学ぶべきものが多いのではないでしょうか。

A

「自然な死」を歓迎し、基本的に延命措置を施さないデンマークには、寝たきりの高齢者はほとんど存在しない。

終活どっち？

Q.28

高齢者が追求すべきなのはどっち？

「小さな成功体験」

「小さな幸せ体験」

少々、死にまつわる暗い話が続いてしまいました。

本章の締めくくりとして、高齢者の幸せについて考えてみたいと思います。

子どもの成長に必要なのは、**「小さな成功体験」**の積み重ねだとされています。

筆者の子どもは柔道を習っているのですが、その監督が常々、こう言います。

「いきなり『全国大会優勝』のような大それた目標を立てるより、『今日は、いつも投げられてしまう相手に、踏みとどまることができた』など、小さな達成感を積み重ねていくほうが強くなれる」

人間というのは、**できることが増えていくと自信がつく**ものなのです。

しかし、高齢者になると子どもとは逆に、できることが徐々に減っていきます。

現役で働いていた頃に、仕事で成果をあげたり、人の世話を焼いて周囲から感謝されるなど「成功体験」を重ねていた人ほど、病気や怪我で以前のように活動できなくなると、**自分の存在価値を見失ってしまう**傾向があります。

ついには、「俺は昔はこんなに偉かったんだ」と強がってみたり、「昔はよく面倒を見てやったのに、あいつは顔も出さない」と腹を立てたりと、以前の「成功体験」を持ち出し、周りを辟易《へきえき》させてしまいます。

もちろん、高齢者でも「リハビリを重ねて、動かなかった指が動くようになった」、「自分の口から食事ができるようになった」といった、「成功体験」を積めますが、どうしても**失ったものを取り戻す**という、後ろ向きで過酷な作業になってしまいます。

それでは、**「小さな幸せ体験」**とはどんなものでしょうか。

筆者はがんを患い、入院したことがあるのですが、手術のあとは殺風景な個室で、窓の外に見える雲の動きを見て過ごしていました。不安で退屈な日々でしたが、医師や看護師たちが検診に訪れると話ができるので、それが数少ない憩いの時でした。

退院する際に担当の看護師さんからメッセージをもらったのですが、そこには、「病室に入ると、いつも変わらずにこやかに迎えてくれた髙橋さんに、逆に看護師の私が癒されていました」と、ありました。

「なにか特別なことをしなくても、そこにいるだけで周囲の役に立てるんだな」と、小さな幸せを感じた瞬間でした。このように、以前は気にも留めなかった、普段の生活のちょっとした変化に喜びを見いだすことが「小さな幸せ体験」です。

「孫からメールが来ていた」、「新しい知り合いができた」、「近所の人と他愛もない話で盛り上がった」といった、人との触れ合いでも良いですし、「お茶を煎れたら茶柱が立った」、「街中で好きな音楽がかかっていた」、「可愛い花が咲いていた」などの日常的な気づきでも良いのです。

筆者の知り合いであるKさんは、86歳になる女性なのですが、一日を終えてお風呂に入る際に、今日あった出来事一つひとつに感謝するそうです。そうすると気持ちも体も温かくなって、ぐっすりと眠ることができると言っていました。

何かを成し遂げる、もしくは成し遂げたことに価値を見いだすのではなく、**「いまここにある」**ものに感謝したほうが、老後はより楽しくなるのです。

Kさんは、腰を骨折して入院してしまったときにも、「今年は暑かったから、冷房の効いた部屋で、食事つきの生活ができて良かったわ」と涼しい顔をしていました。

彼女のように、毎日感謝しながら生活することができれば、心豊かになりますね。

A **高齢者の「小さな成功体験」にはどうしても限界がある。日常に感謝し「小さな幸せ体験」を積むことで心は豊かになる。**

第4章

自分史と生前整理のどっち？

終活どっち？

Q.29

寝たきりや認知症になるまでにあらかじめ作っておきたいのはどっち？

「ミニアルバム」

「自伝的な文章」

本章では、もしものときに備え、ものや思い出を整理するための工夫を紹介します。

認知症や、寝たきりになってしまったときのためにも、いまのうちからできる準備はしておきたいところ。**写真や思い出の品々の整理も、そのひとつです**。

写真は、家族や友人たちとの歴史を語ってくれます。

可愛がられた幼少期、思い切り遊んだ学生時代、仕事に打ち込んだ会社員時代、生涯の伴侶と結ばれた結婚式、大切な子どもの誕生日、楽しかった旅行……。人生のさまざまな場面を切り取った写真は、それぞれにとって大切な記録です。

デジタルカメラやスマートフォンの普及もあって、最近は家庭の写真はデータ化されて、パソコンやデジタルフォトフレームの中に収まっていることも多くなりました。

しかし、高齢の人たちは、未だ紙焼き状態で保管していることがほとんどです。

「大切な思い出だから、すべてをとっておきたい」と思う人もいるかもしれませんが、あなたの死後にそれを引き継いだ子どもや孫たちは、置き場所や処分に困ってしまいます。整理を始めたら、彼らにも声をかけ、**欲しい写真があれば持ち帰ってもらう**と良いでしょう。

そして、整理したなかでも、自分のお気に入りの写真だけを集めて、いままでのあなたの半生がわかるようなミニアルバムを作ることをオススメします。作るときのポイントは、第三者が見ても、あなたの人となりが伝わるようなものにすることです。

具体的には、選んだ写真にそれが撮られたのが何歳くらいのときで、誰とどこで何をしているところなのか、どんな気持ちだったかなどの**コメントを添えておく**のです。

なぜミニアルバムが良いのかというと、将来、認知症を患って認知機能が低下し始めたとき、自分の写真という視覚的な情報は、脳にとって良い刺激になるからです。最近のことより、昔の思い出のほうが覚えていられるので、一緒に写っている家族の名前などの記憶がよみがえってくるのです。

また、第1章でも触れましたが、看護や介護をする人がそのミニアルバムの写真とコメントを見れば、あなたの趣味や経験してきたスポーツ、旅行した場所、好きな食べものや音楽、ファッションなどを視覚的に把握できるので、**看護・介護のプランを立てる際に役立つ**のです。

たとえば、以前、80歳くらいの気難しい男性のミニアルバムを見せていただいたことがありました。

家族写真だけではなく、バブル時代に忘年会の余興で楽しそうに踊っている写真や、美人の同僚に囲まれて嬉しそうな顔をしている写真があり、現在の様子からは想像もできない楽しい会社員時代があったのだな、とほほえましくなりました。


なかには、自分の生い立ちや人生観などを、長い文章で書き綴る人もいます。自分自身を見つめ直すことができますし、ミニアルバム同様、介護者にあなたのことを知ってもらえる良いツールになることは確かです。

しかし、忙しい医師や看護師、ケアマネージャー、入れ替わりが激しいことの多い介護スタッフには、**いちいち長い文章を熟読する時間は、まずありません**。文章で自分を語る前に、ミニアルバムを作るのが、写真の整理にもなってオススメです。

A 医療・介護スタッフの負担を考えると、長い文章で綴る自分史ではなくミニアルバムがオススメ！

終活 どっち？

Q.30

エンディングノートの家系図、書いておくと自分の役に立つのはどっち？

「死因と享年」

「親戚の人柄」

市販のエンディングノートの項目に盛り込まれていることが多いのが、家系図です。地味で古くさい印象を持つ人もいるかもしれませんが、実は、家系図は自分のルーツがたどれるだけではなく、相続や贈与、葬儀や法要、医療などにも役立つ**素晴らしいツール**です。ここでは、そんな家系図の意義と使い方を紹介したいと思います。

よほど自分の一族に関する知識がない限り、ひとりで家系図を完成させることはできません。伴侶や親子、親戚、場合によっては寺や役所の力を借りなければなりません。そうして自分を中心として、親や祖父母、兄弟姉妹、さらに配偶者や姪・甥と書き込んでいくと、色々なことが見えてきます。自分がここに生を受けたのは、さまざまな人と人との結びつきによるものだと、感謝の気持ちが生まれるでしょう。

また、**家系図を見れば自分の法定相続人が一目瞭然**です。配偶者や子ども、子どもが亡くなっていれば孫が代襲相続人になることが、家系図から見えてきます。

いわゆる「おひとり様」や子どものいない人も、自分が亡くなったら誰に財産が渡ることになるのかくらいは知っておきましょう。亡くなる順番によっては、喧嘩別れした兄弟が相続人になる、なんてこともあります。

家系図を書いておけば、**これから起こりうる相続トラブルの構図が見えてくる**こともあります。筆者が見聞きした事例を紹介しましょう。

子どものいないKさん夫婦は、お互いが亡くなったときは、すべての財産を相手に相続させるという遺言書を書いていました。夫が亡くなり、財産は遺言通りすべて妻が相続しましたが、その10年後には妻もこの世を去ってしまいました。

ここで問題が起きました。

夫は長男で、市街地にある実家を継いでいました。夫亡き後も妻がそのまま住み続けていたのですが、すでに両親を亡くしていた妻の法定相続人は、その兄でした。さらにその兄も亡くなっていたため、甥のT君が実家を相続することになったのです。

彼はすぐに実家を売却し、現金を手にしました。

夫の兄弟たちは、**自分たちの実家が第三者に売られていく**のを、指をくわえて見ていることしかできませんでした。Kさん夫妻が、家系図を見ながら遺言書を書いていれば、こうした事態は容易に推測できたはずなのです。

家系図のサンプル

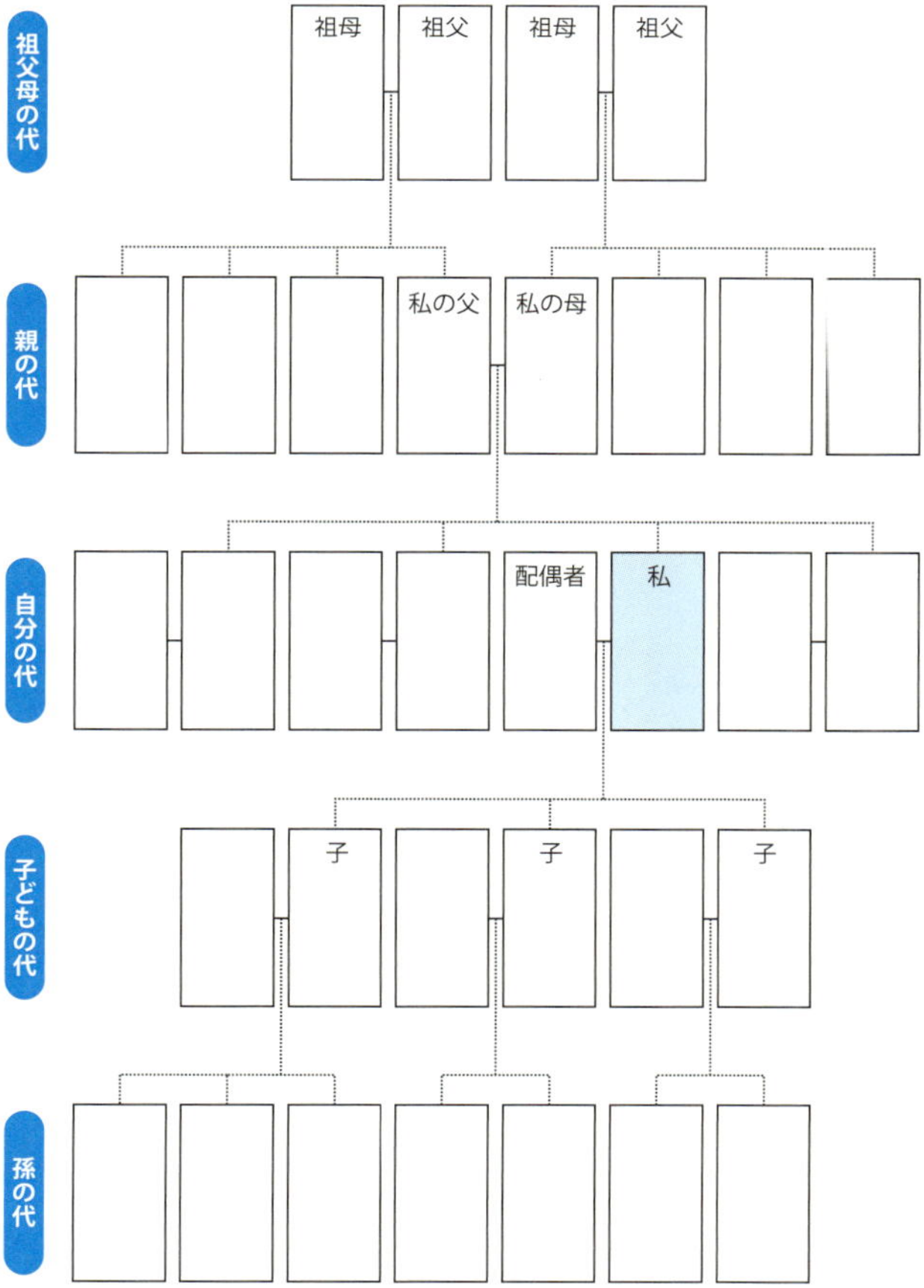

さて、そんな大切な家系図を作成する際に、親戚の名前と一緒に書いておいて欲しいのが**「死因と享年」**です。

日本人の天敵ともいえるがんのなかには、乳がんや大腸がんのように、遺伝が大きく関係しているものがあります。筆者が医師に取材したところによれば、死因と享年が書かれた家系図を使えば、親族の病歴や死亡年齢からさまざまな可能性を探り、本人の治療や予防に役立てられる可能性があるそうです。

また、本人が亡くなってしまったあとでも、家系図は葬儀や法要で役立ちます。参照すれば、入院、危篤、通夜、葬儀、一周忌、三回忌といったそれぞれのタイミングで、親戚をどこまで呼ぶべきなのか算段が立てられます。名前と一緒に**「親戚の人柄」**まで書いてあれば、遺族は大助かりでしょう。

そういった意味では、家系図に書かれた「親戚の人柄」は、本人が元気なうちは役に立ちませんが、その死後には大いに役立つといえるでしょう。

A

「死因と享年」は、遺伝性の病気の予防や治療に役立つことも。本人の死後、遺族たちの役に立つのは「親戚の人柄」である。

Q.31

使わなくなった高価なもの、生前整理で引き継ぐべき先はどっち？

「子どもや孫」

「欲しがる知人」

最近、ものを持たない暮らしを実践する人「ミニマリスト」が注目されているのをご存じですか？　彼らは、「本当に必要なものだけを持つことで、かえって豊かに生きられる」という考え方のもと、シンプルな生活を送っています。

ものが溢れた現代日本人の家庭へ向けて、「1年365日、毎日ひとつずつ、ものを捨てる」ことを推奨している「ミニマリスト」もいるというから、驚きです。

ただ、昭和ヒト桁（1926～1934年）生まれで、現在80代あたりの世代にとっては、「ものを捨てる」というのは、なかなか難しい作業です。

世界恐慌の時代に生まれ、戦時体制下に青春時代を過ごし、戦後は「金の卵」と呼ばれ、貧しいながらも若い労働力として戦後復興の担い手となった彼らは、**「ものは大切にしなければならない」**と刷り込まれてきたからです。

とはいえ、老後にもので家の中が溢れかえってしまっては、自分だけではなく周りも困ってしまいます。これからは発想を変え、ものを**「大事にとっておく」**のではなく、**「大事にしてくれる人に引き継ぐ」**ことを考えなければなりません。

では、誰に、どのように大事なものを引き継いでいけば良いのでしょうか？

大事なものは人それぞれですが、特に処分に困る代表格といえば、洋服やバッグ、着物、食器、楽器、茶道具などでしょう。切手や古銭など、変わったコレクションを持っている人もいます。どれもきっと、若い頃から吟味を重ね、お金と時間をかけて集められたものでしょう。

しかし、本人にとってはお宝でも、**必要がない人にとってはガラクタに過ぎません**。「出すところに出せばお金になる！」と言い張る人もいますが、現実にはほとんどが二束三文でしか売れず、逆に処分するのにお金がいるものさえあります。

では、血のつながった子どもたちであれば、思い出の詰まった大切な品々を喜んで引き取ってくれるのでしょうか？

残念ながら、期待しないほうが良いでしょう。共通の趣味があれば話は別ですが、**余計なお荷物を押し付けられた**と感じる人が大半です。渋々引き取る子どももいますが、結局は使い道がなく、処分に困るケースがほとんどです。

そこで、良い処分方法として、Aさんの事例を紹介します。

女性のAさんは、ティーカップなどの洋食器を集めるのが趣味で、専用の食器棚を置いていたほどでした。ホームパーティーを開いて、料理を自分の大好きな食器に盛りつけて振る舞うのが、なによりの楽しみだったそうです。

しかし、年齢を重ねて、ホームパーティーを開くこともなくなったので、子どもたちに食器を譲ろうとしたところ、「家が狭くて収納できないし、趣味も違うのでいらない」と言われてしまったそうです。

そこで、旧知の友人たちを自宅に招いて食事会をして、「そろそろ身軽になろうと思って、食器類は少しだけ残して処分しようと思うの。好きなものがあれば貰っていただこうと思って、今日は集まってもらったのよ」と話しました。

友人たちは最初は遠慮していたそうですが、結局は皆であれこれ楽しそうに吟味し、喜んで持ち帰ったそうです。

このように、すべてを処分するのは惜しいし、売却してもお金にならないのなら、**喜んで使ってくれる人にプレゼントするのがベスト**です。Aさんは後日、友人たちからお礼の手紙やお菓子などが届き、とても清々しい気持ちになったそうです。

A 子どもに無理に押し付けてあとで処分されてしまうよりも、喜んでくれる知人にプレゼントして感謝されたほうが良い！

終活どっち？

Q.32

相続や遺言書の話をする前に、親子でやっておきたいのはどっち？

「実家の片づけ」

「ゆっくり話せる旅行」

「ねえ、そろそろ遺言書や相続のことを考えたら?」

突然、子どもにこんなことを言われたら、親からすれば「何か下心があるのか」と疑いたくなってしまいます。一方で、何かがあってからでは遅いから、「早く親の希望を聞いておきたい」と子どもが願うのも、自然なことです。

どのような形で人生の締めくくりについて話をすれば、親子の関係にひびを入れずに済むのでしょうか。

たとえば、**親子水入らずの旅行に出かけて、旅先でゆっくり話し合う**という方法があります。最近は親子で行くバス旅行が流行しており、旅行代理店のなかには「母娘限定ツアー」を企画する会社もあるくらいです。こうしたツアーはバリアフリーも行き届いていることが多いので、きっと楽しい旅行になるでしょう。

しかしながら、移動中は他のツアー客もいるので、「遺言書」や「相続」といった言葉は口に出しにくいものです。また、自分たちだけで旅行に行っても、宿に着けば親は疲れています。

そこで、オススメなのが、**親子で実家の片づけをすること**です。

親子で実家の片づけをしていれば、自然と昔の思い出に触れることになり、共通の話題で話が弾みます。話を聞いている人もいませんから、これからのことについて気兼ねなく話し合えるのです。

このとき、子ども世代の人に心がけてもらいたいのが、片づけと同時に、親が突然入院したり、亡くなったりする事態に備え、**必要なものを用意する**ことです。

たとえば、入院したときのための健康保険証、診察券、お薬手帳、日頃飲んでいる薬、パジャマやスリッパ、着替えなどの入院セットです。まとめて用意して、親子で収納する場所を決めておきましょう。

また、親が亡くなったとき、慌てないために**保管場所を決めておきたい**のが、預貯金の通帳、家の権利証や固定資産税の納付書、株式などの取引明細、保険証券、債券書類、クレジットカード、年金手帳、運転免許証などです。

あわせて、親の友人の住所録や実家に届いた年賀状、慶弔記録があれば、万が一のときに誰に知らせれば良いのか、親戚の慶弔関係ではいくらくらい包めば良いか、などが把握できます。

また、親が寝たきりや認知症になってしまってからではわからないのが、「タンス預金」です。存在に気づかないまま、実家の荷物をまとめてリサイクル業者などに引き渡してしまうケースがあるので要注意です。

また、子ども世代には信じられないかもしれませんが、未だに庭や床下の土を掘って、お金や大切なものを保管している人がときどきいます。絶対に本人しかわからないので、元気なうちに聞いておきましょう。

こうした作業を何度も親子で進めていけば、**自然と実家の財産が把握**できますし、相続の配分や遺言書の有無などについても話題に上ることでしょう。こうした場を設けないと、大人同士ですからじっくり話す機会はそうないのです。

A 旅行は意外に話し合いには不向き。親子で繰り返し実家の片づけをするなかで、万が一のときの話を自然にしていこう。

終活どっち？

Q.33

多過ぎる衣類を整理したい……
いまから実行するならどっち？

「タンスや収納ケースに収納」

「ハンガーにぶら下げる」

どんなに片づけ上手な人でも、年齢を重ねると家の中にものが増えて、暮らしにくくなりがちです。

引っ越しを何度か経験してきた家庭であれば、引っ越し準備の際に「いるもの」と「いらないもの」を選別して段ボールに詰めているはず。ところが、その選別が中途半端だと、「開かずの段ボール」がどんどん増えていきます。

特に衣類は、捨てるに捨てられず増えていき、**持ち主ですらどこにあるかわからない**ということになりがち。いざ着ようと思っても、どこにしまったかわからず、探し回っている間に段ボールや収納家具につまずいて転倒する危険性もあります。

ですから、体が動くうちに、季節の変わり目の衣替えの時期にでも、思い切って衣類の整理をしてみましょう。かといって、目につくものをやみくもに捨てていくと、結局必要になってまた買い直すことになり、無駄な出費になりかねません。

衣類の整理は、それぞれが今後の暮らしに必要か、実際に使うのかを見極め、仕分けするところから始めます。

衣類や靴、バッグ類は、次の**4グループに分類する**と良いでしょう。

①　日常的に着る服（普段着、お出かけ服など）
②　冠婚葬祭で着る服
③　捨てる服（あげる人もいない、流行に合わない、シミがとれない服など）
④　あげる・売る服（サイズ・好みに合わない、ここ数年着ていないなど）

漠然と「着られる服」と「着られない服」に分けるばかりでは、衣類はなかなか減りません。**サイズが合う服であっても、いまの自分の生活シーンには似つかわしくないものもある**のです。

仕分けしたあとは、②に汚れなどがついていないかを確認し、折り目がつかないようにして、防虫剤などを入れてタンスや収納ケースにしまいます。

次に、③をゴミとして捨ててしまいます。

④は段ボールにでも入れて、次のシーズンまでにリサイクルショップやバザーで処分するか、寄付してしまいましょう。これで、かなりスッキリするはずです。

問題は①の収納法です。壁面いっぱいにタンスや収納ケースを置いて、そこにすべてしまい込めば、確かに部屋の見た目は綺麗になるでしょう。しかし、取り出すときに背伸びをしなければならなかったり、踏み台が必要になったりして、ひと苦労です。無理をして転んで骨折でもしたら、たいへんです。

では、どうすれば良いのでしょう?

日常的に使う服は、多少部屋が雑然としようとも、どこに何があるかひと目でわかる形に収納するのがベストです。具体的には、**ハンガーにかけて、クロゼットのパイプに、ずらっとぶら下げる**のです。

代用品として、デパートの洋服売り場にあるようなハンガーラックを購入して、部屋の壁際に設置しても良いでしょう。平たいハンガーであれば、かさばらずにたくさん掛けられます。

高齢になったら、今後の体の変化を考慮して、見た目より、実利を追求して収納方法を選ばなければならないのです。

A タンスや収納ケースは取り出すのがたいへん。クロゼットやハンガーラックにかけることで作業が楽になる。

終活 どっち？

Q.34

ペットを飼いたい高齢者。
年齢を考え諦めたほうが良い？

「迷惑をかけるので諦める」
「生きがいとして飼う」

人、特に高齢者には、ペットを飼うことによって、心理・健康両面で恩恵があることがわかっています。

ある調査では犬や猫を飼うようになった高齢者のうち、45％が以前に比べて**「情緒が安定するようになった」**、44・4％が**「寂しがることが少なくなった」**、37・8％が**「ストレスを抱えないようになった」**と回答しています（一般社団法人ペットフード協会による「全国犬猫飼育実態調査」２０１５年）。

筆者自身も猫を飼っているのですが、話しかけたり、撫でたりするだけでとても穏やかな気持ちになります。そして、飼い主には餌やりやトイレの始末といった、ペットの死活問題に関わる役割が生じるので、生活にハリが生まれます。

犬を飼っている人なら、散歩に連れて行かなければならず、特に用事がなくても外に出るきっかけになります。生活にメリハリが少なく、家にこもりがちな高齢者にとって、ペットは心と体の癒しになることは間違いありません。

とはいえ、最近では飼い主の死亡など、さまざまな事情から手放されて、保健所に送られたペットたちが殺処分されてしまう実態があります。自分にもしものことがあった場合を考えると、周囲への迷惑やペットの将来が心配になって、思い切ることができない高齢者も多いのではないでしょうか。

「ペットは家族同然なのだから、ペットに財産を相続させて、そのお金で新しい飼い主さんに面倒を見てもらおう」と考える人もいるかと思います。しかし、残念ながら、法律上のペットはものとして扱われるため、財産を相続させることはできません。

しかし、「負担付き遺贈」という方法を使うことはできます。

これは、亡くなった人（遺贈者）が遺言書によって、財産を他人（受遺者）に譲る代わりに、一定の義務を負担してもらう行為です。

要するに、**「財産をあげるので、私の代わりにペットのお世話をしてください」**という内容の遺言書を書けば良いのです。これで、実質的にペットに財産を残してあげることになります。

もちろん、突然指名された人が寝耳に水で、拒否されてしまっては元も子もありませんから、事前に面倒を見てもらいたい人に承諾を取っておく必要があります。相手は周囲の動物好きの家族・友人でも良いですし、民間のボランティア団体やＮＰＯ法人を頼るという手もあります。

また、「民事信託」を設定して、自分に万が一のことがあったときの、ペットの暮らしを保障する方法もあります。

具体的には、行政書士などに相談して、**「委託者（自分）の死後、信託財産を管理する受託者（子どもなど）から、受益者（ペットのお世話をしてくれる人）に毎月一定額の金銭を支給する」**といった信託を設定するのです。

数十万円ほどの費用はかかりますが、病気やケガ、突然の死など、飼い主にもしものことがあったときに、残されたペットがその後も不自由なく幸せな生涯を送るための資金と場所が確保されます。このように、ペットの将来を保障するさまざまな仕組みがありますから、ペットを飼おうと思い立ったら、あまり将来の心配をし過ぎず、老後の生きがいとして迎え入れることをオススメします。

次章では、いよいよ、人生の締めくくりである葬儀と、自分が入ることになるお墓についての疑問を解説していきます。

A ペットに財産を残すことはできないが、将来を保障する制度はあるので、思い立ったら飼ってみるのがオススメ！

第5章

葬儀と埋葬のどっち？

Q.35

遺影にする自分の写真、
亡くなったあとに
遺族が喜ぶのはどっち？

「自分で準備しておく」

「家族に選んでもらう」

職業柄、私は会う人ごとに**「ご自分の遺影の写真を準備なさっていますか？」**と尋ねるのですが、ほとんどの人が首を横に振ります。

「縁起が悪いから」、「子どもの仕事だから」と理由はさまざまですが、なかには「自分が亡くなったあとに、家族に私のことを思い出して、私らしい写真を選んでもらいたいから」と家族を気遣う人もいます。

気持ちはわかりますが、本人が亡くなった直後の遺族は、親戚や知人への連絡、葬儀の打ち合わせなどに忙殺されています。葬儀の準備に参加する遺族が多ければ役割分担もできますが、日本は人口減少社会なので、それも難しいでしょう。

顔を突き合わせ、故人のアルバムをひっくり返して**遺影に使う写真をじっくりと選ぶ時間など、まったくない**のです。

筆者も結婚して間もない頃、実家の父が突然倒れて亡くなりました。たまたま遠方に出かけていた母に代わり、夫婦で通夜や葬儀の段取りをしました。

葬儀社の人から「遺影用の写真を決めておいてください」と言われたのですが、実家を出て久しい私には、どこにアルバムがあるかもわかりません。

そのとき、電話台の上に飾ってあった、友人とゴルフをしている父のスナップ写真が目に入ったので、深く考えずに、それを葬儀社の人に渡してしまいました。

その写真が父の遺影となって、いまでも仏壇の隣に飾ってあるのですが、なんとも締まらないピンぼけの写真で、両親に申し訳なく思っています。

筆者自身の体験からも、ぜひ終活の一環として、**遺影用の写真を生前に準備する**ことをオススメします。

家族がいる人なら、子どもの結婚式や孫のお宮参り、七五三などの機会にフォトスタジオで家族写真を撮り、その中から気に入った表情の写真をトリミングして、遺影用のデータを作っておくと良いでしょう。

晴れの日なら正装ですし、髪も整えた状態で写っているからです。スタジオでプロが撮影したものであれば高解像度なので、引き伸ばしにも耐えます。

亡くなったときに比べて、遺影が若過ぎることを心配される人もいますが、最近では晩年の写真ではなく、「もっともその人らしさが出ている写真」を遺影に選ぶことが多くなっています。

ひとり暮らしであれば、最近は遺影写真を撮る撮影会や、それを預けておくことのできる「遺影バンク」などのサービスもあるので、積極的に利用しましょう。

写真選びのポイントは、葬儀の祭壇だけではなく、その後に、仏壇の横に飾ることも想定して選ぶことです。家族が毎日、仏壇に手を合わせながらその遺影を見るのですから、**楽しい思い出がよみがえってくるような、にこやかな写真が良い**でしょう。

なお、遺影用の写真をデジカメで撮ったものは、キャビネサイズなどにプリントした見本と、データを保存した記録媒体とを一緒に保管しておきましょう。データも一緒に渡したほうが、葬儀社が加工しやすいからです。

そして、「遺影用の写真はこの引き出しにしまってあるからね」と、家族に折に触れて伝えておきましょう。私も父の一件があってから、遺影に使って欲しい写真を決め、家族にしっかりと言い聞かせています。

A 家族が亡くなった直後の遺族には、思い出に浸って遺影を選ぶ時間はない。事前に選んでおいたほうがお互いにとって良い。

終活どっち？

Q.36

病院に常駐する葬儀社に遺体の搬送をお願いした場合、葬儀も依頼しなければならない？

「依頼しなければならない」

「別の葬儀社に依頼できる」

近年は自宅ではなく、**病院や施設で最期を迎える**人が多くなりました。

病院で亡くなると、遺体は霊安室に運ばれて一時的に安置されますが、病理解剖などが行われない場合は、数時間以内に遺族が引き取り、搬出しなければなりません。

遺体を自分たちの車に載せて、ひとまず自宅に連れて帰るという選択肢もありますが、これは現代ではとても困難です。集合住宅に住んでいる場合、遺体を搬入・搬出することは憚《はばか》られますし、夏場であれば遺体の保存に大量のドライアイスが必要になります。そのため、病院から葬儀場に直行したり、一時的な遺体安置所に運び込んだりするケースがほとんどです。

また、病院からの搬送も、たいていは葬儀社または病院が提携している業者に依頼することになります。こうした事態に備えて、中規模以上の病院には葬儀社のスタッフが常駐しているのです。

では、この出入り業者に遺体搬送を依頼した場合、そこに葬儀の手配一切も依頼しなければならないのでしょうか？

なかには、**「ご遺体を搬送したのですから、せっかくですから葬儀も我が社でお世**

話させてください」と持ちかけてくる葬儀社もいますが、同じ会社に頼まなければならないという決まりはありません。

遺体搬送料さえ支払えば、指定した場所に運んでもらえます。

ただし、ここで問題になってくるのが、前述したように、自宅への搬入は現実的ではないという点です。自宅でなければ、葬儀社が紹介してくれる遺体安置所に運ぶことになりますから、病院に常駐する葬儀社を選ばない場合には、**搬出の時点で業者を決定していなければいけない**のです。

時期によっては、火葬場が混んでいてなかなか予約が取れず、葬儀が何日も先延ばしになることもあります。葬儀を行う斎場では、その日まで遺体を預かってもらえないという事態もあり得ますから、それにも対応しなければなりません。

家族が亡くなってから、通夜・葬儀・火葬の日時と場所を決めて遺体を搬出するまでは、本当に時間がないのです。身内が亡くなって気持ちも混乱しているなかで、瞬時に複数の葬儀社から見積もりを取り、その中から依頼先を選ぶなどというのは、実際には至難の業です。

遺体の搬送先も決まらず、あなたを看取った直後の家族が、悲しみに浸る余裕もないほどに混乱するのを避けるためにも、生前に葬儀社を決めておき、自分らしい葬儀を執り行う準備をしておくのは必須だといえるでしょう。

その際に気をつけるべき点については、次項以降で詳しく紹介していきます。

ちなみに、病院で亡くなった場合には、当日中に入院費や治療費の精算をすることも忘れてはいけません。遠方の場合、支払いのために再度病院に赴くのもたいへんです（後日の振り込み精算が可能な病院もあります）。

また、火葬や墓地への埋葬をするためには、医師による死亡診断書が必要です。この死亡診断書は、死亡後7日以内に市区町村の役所に死亡届とともに提出しなければなりません。また、その後も死亡保険金や遺族年金などの請求に必要なので、複数枚もらっておくか、コピーを取っておくようにしてください。

A 常駐する葬儀社に遺体の搬送をお願いした場合も、別の葬儀社に葬儀を依頼できる。ただし、事前の準備が必須となる。

終活どっち？

Q.37

葬儀費用の見積もりを取るときに重視すべきなのはどっち？

「葬儀一式の値段」

「立替金を含めた値段」

「葬儀一式100万円」と聞いていたのに、葬儀が終わってから請求書を見ると、**200万円に増えていてびっくり仰天**……という話をよく聞きます。葬儀費用の支払いは現金がほとんどですから、遺族は大慌てしてしまいます。

なぜ、こんなことが起きるのでしょうか？

一般的な葬儀費用は、**「葬儀一式」**と**「立替金（実費）」**、**「宗教者への謝礼」**の3項目で構成されています。

「葬儀一式」には、祭壇・供花・棺・法衣・布団・安置費用・搬送料・骨壷・人件費・案内看板に加え、さまざまな備品代が含まれることが多いです。

続く「実費」は、一般的には、通夜振る舞いなどの飲食接待費・施設利用料・火葬費用・会葬御礼・車両ドライバーや配膳係など各スタッフへの心づけなどを指します。

「宗教者への謝礼」は、葬儀が仏式と仮定すると、お布施や戒名料が含まれます。

このうち、**「葬儀一式」は葬儀社が手配するもの**ですが、**「立替金」は他の業者に発注**して、立て替えた分を葬儀が終わってから喪主宛に請求して、精算する形を取るのが一般的です。

「生前に葬儀費用の見積もりを取る」という習慣は、まだ普及していないので**「葬儀一式」の金額だけを聞いて安心していたところに、あとで「立替金」を含めた請求書がくる**ので、冒頭に紹介したようなトラブルが起きるのです。

また、見積もりを取ったのにもかかわらず、立替金を記載しない業者も一部に存在します。事前に「立替金も含めた金額で見積もりを取って欲しい」としっかり伝えることで、「このお客様はきちんと勉強している」と認識させることができるでしょう。

前項で解説したように、本人が亡くなってからでは、複数の葬儀社に見積もりを取っている時間などありません。そのためにも、生前に希望する葬儀の種類や予算、おおよその参列者の人数を決めておき、きちんと見積もりを取っておきましょう。

また、価格が同じなら、サービス内容は葬儀社各社で同じなのかというと、まったく違います。「葬儀一式」、「立替金」については、**それぞれに含まれている内容が会社によって違いますし、区分の名称もまちまち**です。

たとえば、先ほど通夜振る舞いなどの飲食接待費を「立替金」として紹介しましたが、葬儀社によっては、指定業者から仕入れているために、立替払いにはせず「葬儀一式」に含めている場合も多いのです。

最近では、お客様にわかりやすいように、それぞれの区分にどんなサービスが含まれているのか明記する葬儀社が増えてきたので、事前にしっかりと確認して、悔いのない葬儀にしたいものです。

筆者の場合も、義父の葬儀の際、費用の支払いが終わったあとにゆっくり明細を見てみたら、「これは葬儀社に用意してもらわずとも、我が家にあった！」、「こんなことに高いお金をかける必要はなかった」など、いくつかの反省点が出てきて、**事前見積もりの重要性を再認識**させられました。

ちなみに、義父は亡くなる前に、檀家となっている寺への「宗教者への謝礼」について、おおよその費用をノートに書き残してくれていました。これを頼りにお寺さんに依頼し、戒名をつけることができたので、相場がわかりにくい「宗教者への謝礼」についても、疑心暗鬼にならずに済みました。このことも参考にしてください。

A 「葬儀一式」の金額は「立替金」を含んでいない。後悔しないよう事前に見積もりをしっかり取って、そのときに備えよう。

終活どっち？

Q.38

葬儀用の互助会で積み立てていたお金が満期に！
このお金だけで葬儀はできる？

「できる」
「できない」

「互助会」という冠婚葬祭に関する事業をご存じでしょうか？

毎月一定の掛け金を支払うことで、満期になった積立金を、冠婚葬祭の費用として役務（サービス）で充当するシステムです。お葬式や結婚式を開くときに備えるためのもので、ひと昔前には多くの人が利用していました。

1口あたり、月々数千円を60～120回払いで積み立てることで、20～50万円分のサービスが提供される形が一般的で、複数口を積み立てることもできます。

積み立て中に引っ越すことになっても、営業エリア内であればサービスは継続しますし、また営業エリア外でも、互助会の全国組織に加盟している業者や、提携している互助会に移籍できることが多いようです。

もし、満額を支払う前に亡くなってしまった場合も利用は可能ですし、積立金の完納後の権利は永久に保障されているところがほとんどです。互助会によっては、家族ひとりが加入していれば、全員がサービスを受けられるところもあります。

では万が一、互助会を運営していた会社が倒産してしまった場合はどうなるのでしょうか。実は互助会を事業として行うには経済産業省の許可が必要であり、許可を得るには**前受金の2分の1相当について保全措置を行う義務**が課せられています。

つまり、たとえ会社が倒産しても、少なくとも掛け金の半分は保障されている、というわけです。

しかし、良いところだけではありません。

互助会のサービスを受けられるのは提携斎場に限られます。また、積み立ては複数口行うこともできると前述しましたが、**葬儀に使えるのは原則、1回の葬儀につき1口まで**です。セミナーや講演会でこの話をすると、知らない人が多くて驚かされます。

そして、ここからが大事なところですが、互助会によっては、「積立金で葬儀費用が全額賄える」といった謳い文句で顧客に接しています。ですが、**全額を賄えるプランはほとんどないのが実態**なのです。

互助会頼みで葬儀を出して、葬儀社からの請求書が来てから「話が違う！」とトラブルになってしまうケースもあります。

互助会が想定しているのは、いわゆる「一般葬」と呼ばれる規模のもので、これらの平均金額は、総額で150万円前後といわれています。一方で、互助会のプランは総額15~50万円程度のものがほとんどなので、あくまでも、**「葬儀費用がお得になる」**程度のものととらえておくべきでしょう。

反対に、こんな事例もありました。

長く互助会で積み立てをして、積立額が50万円に達した人がいました。かなりの高齢で亡くなったため、葬儀は遺族の希望で質素に執り行うことに。互助会を使用していた葬儀社で見積もりを取った結果は25万円でした。

その後、葬儀担当者から、「50万円分の葬儀をしてもらえないか」と懇願されて、棺を高価なものにしたそうです。

このように、質素な葬儀で済ませるつもりなら、互助会はそれほど効果的ではありません。とにかく低価格で抑えたいという人の場合には、直葬《ちょくそう》（通夜・告別式なしの略式葬）や祭壇費用を節約した家族葬などを検討したほうが良いでしょう。

互助会を利用するのは残された家族ですから、前述したような仕組みと、希望する葬儀が合っているのかよく検討してから、利用するようにしてください。

A 互助会は積み立てもでき、引っ越しにも対応しているなどメリットはあるが、費用を全額賄えるわけではない！

終活どっち？

Q.39

お墓選びで特に考慮すべきなのはどっち？

「費用をどこまでかけるか」

「誰がお墓参りをするのか」

そもそも、墓石とは埋葬された死者が再び地上に出てこないために、その上に大きな石を置いたのが起源といわれています。

日本人は20世紀頃から、広く庶民まで先祖代々の墓を守るようになったので、私たちも**「人は亡くなったら、どこかのお墓に入るものだ」**と考えています。

ところが現在、そのお墓が、多くの人にとって悩みの種になってしまっています。

ひと昔前は、ほとんどの人がお墓のある寺の檀家となり、その運営を支える一員としてお布施をしたり、行事に参加して寺とのつながりを大事にしていました。

しかし、核家族化が進んだ日本では、一族が全国に散らばっているため、お墓の継承が難しくなっています。お墓を維持する経済的な負担が大きいので、子ども世代に引き継がせたくないと考えている人もいるほどです。

このような時代に、**何を基準にして自分のお墓を選べば良い**のでしょうか?

前述したような、従来の「寺院墓地」から離れた人々は、**「公営墓地」**や**「民間墓地」**にお墓を購入するようになりました。

「公営墓地」は、都道府県や市区町村などの地方自治体が管理・運営している霊園です。

宗旨・宗派などの宗教的な制約がなく、永代使用料や管理費が安めに設定されているところが魅力です。ただ、人気なので不定期に募集される抽選に当選しなければ購入できないうえ、お墓の形状・サイズが指定されていることが多いのが欠点です。

「民間墓地」は、各種法人に運営を委託された民間企業によって管理・運営されている霊園です。宗旨・宗派の制約はない場合が多く、区画の広さや場所、墓石のデザインの自由度は高めなのですが、「公営墓地」に比べると料金が高く設定されていることがほとんどです。

また近年、需要が急増しているのが**「納骨堂」**です。

「納骨堂」は、簡単に言えば「お墓のマンション」です。永代使用料を支払い、決められた場所に遺骨を安置します。

もともと寺院の境内の片隅に建てられた、一時的に遺骨を収納する施設だったのですが、やがて恒久的に遺骨を祀る役割を持つようになりました。墓地と同じく経営母体は寺院・公営・民間などさまざまですが、総じて価格は墓地に比べ割安です。

そのぶん、形状はロッカーや棚のようなシンプルなものが中心です。

墓地という範疇からは外れますが、**「自然葬」**を希望する人も多くなりました。海や山など故人の思い出の地に、遺骨を炭化させてから散骨するという方法です。合同散骨であれば費用は5万円くらいからで、もっとも経済的な埋葬方法といえます。

ここまで、主に経済面に注目して、さまざまな埋葬方法を紹介してきましたが、結局、**自分が埋葬されるのは亡くなった後のこと**になります。

たとえ豪華なお墓を建てようとも、それを維持管理し、お参りしてくれる人がいなければ、早々に雑草だらけで寂しいお墓になってしまいます。かといって、経済的だからと「海洋散骨」で海に散ってしまえば、残された人々が故人を忍びたいときに、どこに行っていいかわからなくなってしまいます。

まずは自分が亡くなったあとに、お参りしてくれる人の顔を思い浮かべましょう。彼らの立場に立って、もっとも喜ばしい方法を選ぶのが良いでしょう。

A 多様なニーズに対応した埋葬方法が出てきている。経済面だけではなく、お墓を引き継ぐ人の気持ちを考慮して選びたい。

終活どっち？

Q.40

最近、人気の「海洋散骨」。
できる場所はどっち？

「日本全国どこでも」
「できないところもある」

近年、注目を集めている「自然葬」のなかでも、有名なのが**「海洋散骨」**です。選ぶ理由は、「夫と同じ墓に入りたくない」、「自然に還りたい」、「子どもたちに墓参りの負担をかけたくない」など、さまざまでしょう。

著名人でも「海洋散骨」を選ぶ人は多く、たとえば漫才師の故・横山やすし氏は広島県の宮島競艇場が大好きだったので、**遺灰は競艇場と、宮島近くに散骨されました**。

このように、本人の意思に基づいて実施される場合もあれば、経済的な事情でお墓を持てないことから「海洋散骨」を選ぶ遺族も増えてきました。

具体的な手順としては、取り扱い業者に申し込みをして予約を入れ、遺骨を預けて骨を粉末状にします。散骨当日、参列者が集合すると、業者が手配した船が出港し、散骨ポイントにて黙祷し、献花と散骨を終えたら、帰港して散会となります。

ひと家族で船をチャーターすると、20万円ほどかかることが多いのですが、何家族かで合同して乗船するプランならば10万円ほど。家族は海に向かわず、業者に散骨を代行してもらうプランでは5万円くらいまで下がるようです。

ちなみに、「海洋散骨」はすべての遺灰を海に流さなければいけないわけではありません。一部を手元に置いて供養をしたければ、シンプルなものからデザイン性の高いものまで、多種多様な納骨容器が販売されていますし、ペンダントや指輪に納めていつも身につける人もいます。

それにしても、遺骨といえど**故人の遺体の一部**には変わりありません。散骨という行為は法的に問題がなく、どこでもできることなのでしょうか？

1987年、俳優の故・石原裕次郎氏が亡くなったとき、兄で作家の石原慎太郎氏が「海を愛していた弟は、海に還してやりたい」と「海洋散骨」を計画しました。ところが、当時の法解釈では違法（刑法190条）とされており、泣く泣く断念したという出来事がありました。

その4年後の1991年、法務省が**「葬送のための祭祀で節度を持って行われる限り違法ではない」**とのガイドラインを発表します。法務省の「お墨つき」が出たことで、全国的に散骨が広まることになりました。

「節度を持って行われる限り」という文言はあいまいですが、明確に散骨ができる場所と、できない場所を区別することはできます。

できる場所としては、自分の私有地や公海上、取り扱い業者が管理している墓所です。反対に許可なしにはできない場所は、他人の私有地や、海や川など漁業権が設定されているところです。

さらに注意しなければいけないのが、**条例によって散骨が禁止されている**市区町村です。北海道や伊豆半島に多く、違反すると罰金刑が課されます。これ以外の場所は黙認されていたり、個々に許可を取ることで散骨が認められたりします。

場所以外にも気をつけなければならないのが、**遺灰の形状や副葬品**です。

遺灰を完全にパウダー状にしなければ、「海洋散骨」をしても、溶けずに底引き網漁船などに引き揚げられてしまうことがありますし、花をリースにした副葬品がベースの部分だけ溶けずに海底に残り、自然を汚す結果になりますから、注意しましょう。

A 漁業権が設定されている海や川、条例によって散骨ができない地方自治体があるので、どこでもできるわけではない！

Q.41

お墓の引っ越し（改葬）は、寺院の他に自治体の許可もいる？

「いる」
「いらない」

ひと昔前までは、家族そろってのお墓参りは当たり前の光景でした。

お墓参りに行くと、花や線香が供えてあって、すでに他の親族が来てくれたことがわかったものです。それが最近では、**「いちいち遠いお墓まで帰れない」**、**「スケジュールの都合がつかない」**などの理由で、お墓参りの機会はめっきり減ってしまいました。

そして、故郷の親が亡くなり、遠方のお墓の維持管理が難しくなったという理由で、子ども世代が自宅近くの霊園や寺院にお墓を移すことも増えつつあります。

このように、埋葬されている遺骨を別の墓地に移して供養することを**「改葬」**、あるいは「遷骨《せんこつ》」といいます。


いわば「お墓の引っ越し」ですが、この手続きは**家の引っ越しよりもたいへん**かもしれません。

改葬手続きは墓地・埋葬などに関する法律である「埋葬法」に基づいて行わなければならず、**寺院の許可の他に、自治体の許可も必要**だからです。

具体的な手順を紹介していきましょう。

まずは現在の墓地の管理者に「改葬」を願い出て、承諾を得ます。

次に、墓地のある市区町村に**「改葬許可申請書」**を出して、**「改葬許可証」**をもらわなければならないのですが、これには新しい墓地の管理者からの**「受入証明書」**と、現在の墓地の管理者からの**「埋葬証明書」**も添付しなければなりません。

つまり、あらかじめ新しいお墓を確保しておかなければならないのです。

移転先の寺院、霊園、納骨堂を探すときの注意点としては、宗旨・宗派の違いといった宗教的な障壁がないかということと、これまでと同じ墓石を使用して良いかどうかです。墓地のなかには、**古い墓石の使用を認めていない**ところも多いので、事前の確認が必要なのです。

新しいお墓の「受入証明書」が発行されたら、現在の墓地でもらった「埋葬証明書」と「改葬許可申請書」とを一緒に提出し、許可されれば、晴れて**「改葬許可証」**を発行してもらえる、という手順です。

遺骨を取り出す際には、「閉眼供養」といって、墓石に宿った魂を抜き去る宗教儀礼を行い、その後更地にして返還します。

そして「改葬」先の墓地に「改葬許可証」を提出し、今度は「開眼供養」という墓石に魂を入れる供養を行うのです。

改葬の流れ

元の墓

墓地管理者に相談する

↓

墓地がある市区町村で
改葬許可申請所をもらう

↓

墓地管理者に改葬許可申請書へ
署名・捺印してもらう

↓

市区町村に新しい墓の使用許可書や改葬
許可申請書を提出し改葬許可書をもらう

↓

石材店などに
墓を更地にする作業を依頼

↓

「閉眼供要」をして
遺骨を取り出す

↓

更地に戻す

新しい墓

改葬先となる墓を確保

↓

新しい墓の管理者から
使用許可書などの証明書をもらう

↓（市区町村に新しい墓の使用許可書や改葬許可申請書を提出し改葬許可書をもらう へ）

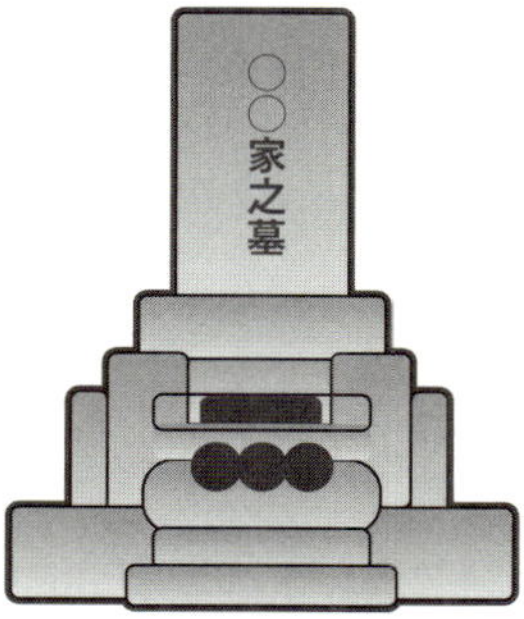

（「閉眼供要」をして遺骨を取り出す →）

新しい墓に
遺骨と改葬許可書を持参

↓

「開眼供要」をして
新しい墓に納骨

最近は少なくなったそうですが、寺院のお墓から移る際、檀家から離れる「離檀料」を請求されることもあるそうです。逆に、自治体によっては寺院の許可がなくても、改装許可証の発行をしてくれるところもあります。

一族がその土地に根ざしていれば、墓守も簡単なのですが、時代がそれを許さないのが現実です。苦労して「改葬」をして、自宅の近くにお墓を持ってきたとしても、子ども世代が同じ地域に住んで墓守を続けてくれるとは限りません。**次の世代に、また同じ問題が起きてしまう場合がある**のです。

「改葬」を考える前に、今後もお墓を代々引き継いでいけるのか、納骨堂や散骨などの選択肢はないのか、家族と熟考することが大切でしょう。

A 寺院の許可を取ってからが「改葬」の本番。引っ越し先のお墓が決まっていないと許可が下りないので、事前に準備を。

第6章

遺言書と相続・贈与のどっち？

終活どっち？

Q.42

遺産を巡ってモメやすいのはどっち？

「相続税が発生しない一家」

「相続税が発生確実な一家」

サスペンスドラマでは、裕福な一族の相続争いは格好の題材です。大富豪が残した遺言書には、何が書いてあるのか？　自分は一体いくらもらえるのだろう？　一族の間で腹の探り合いが始まるのが、お決まりのパターンです。

では、相続税が発生しないようなごく普通の家庭の場合は、遺産分割でモメずに済むのでしょうか？

そもそも相続税がかかるかどうかは、簡単に言うと被相続人（亡くなった人）が、相続税の基礎控除額を上回る財産を持っているかどうかで決まります（基礎控除額は2015年1月1日から引き下げられました）。算出は次のように行います。

3000万円＋（600万円×法定相続人の人数）＝基礎控除額

たとえば、夫婦と子ども2人の家庭で夫が亡くなったら、法定相続人は妻と子ども2人で3人となります。つまり3000万円＋（600万円×3人）＝4800万円までは、相続しても相続税がかからないことになります。

対象となる財産は、預貯金や株式といった**「本来の相続財産」**と、相続人が被相続人から死亡日よりさかのぼって3年以内に贈与された**「贈与財産」**、家族のためにかけていた保険や死亡退職金などの**「みなし相続財産」**から非課税分を引いた財産を合計したものになります（さらにここから借金などの債務を引く）。

相当な財産がないと、相続税は発生しないことがおわかりいただけたかと思います。

さて、総務省統計局がまとめた「司法統計」を見てみると、遺産相続でモメて裁判になった件数は、2015年度では1万2615件でした。

調停件数の内訳で見ると、財産が5000万円以下が43％、次いで1000万円以下が32％と、**5000万円以下の相続争い**が、実に約75％を占めています。

「うちは財産がないから大丈夫」と言ってはいられない現状があるのです。

一口に遺産といっても、さまざまな形があります。不動産に資産が偏っていた場合、売却して兄弟で分けるという方法もありますが、遺族のひとりがそこに住んでいると、そう簡単にはいきません。自宅を相続する代わりに、代償金を他の遺族に支払うなどの措置を講じなければなりません。

また、寝たきりや認知症になった親を懸命に介護し、看取った相続人が「自分はこれだけ尽くしてきたのに、他の相続人と平等に分けるのは納得がいかない」と、いわゆる**「寄与分」**を主張し、モメるケースもあります。

相続トラブルが家庭裁判所に持ち込まれると、1年近くの間、4~5回にわたって当事者同士が顔を突き合わせて、自分の正しさを主張することになります。**時間と労力と、身内と争わなければならない精神的なストレス**を考えると、恐怖すら感じます。

とある金融機関の社員に聞いたところでは、相続人の間で「遺産分割協議」がまとまらず、何年も預金の名義を変えることができない預金が相当数あるとのことです。金額はさまざまで、数十万円からほんの数万円というケースもあるそうです。

このように、相続争いは遺産の多い少ないではなく、モメるときはモメるのです。それを防止するためには、なんといっても遺言がいちばんです。

遺族が納得する遺言を残し、終活を締めくくるために、本章で相続と贈与について学んでいきましょう。

A 「相続税が発生しないごく普通の一家」でも、モメるときはモメる。遺族が納得する遺言でそれを防ごう。

終活どっち？

Q.43

相続人が複数いるとき、遺言書に「全財産を長男に譲る」とあったら、すべての財産が長男のものになる？

「なる」

「ならない」

遺言書には**遺産相続についての強力な効力**があります。

通常の相続では、相続人全員で誰が、どの財産を、どれだけ相続するかを協議したうえで、「遺産分割協議書」を作成し、全員が実印を押して印鑑証明を添付し、ようやく財産の名義を変えることができます。相続人のうち誰かひとりでも同意しなければ、遺産相続は成立しないのです。

しかし遺言書では、**遺産を相続する人や遺産の分配方法を、本人が事前に自由に決められます**。だからこそ、相続で遺族がモメそうなら、遺言書を残すべきなのです。

ただ、遺言書がかえってトラブルを招くケースがあります。

そのひとつが、**「遺留分」を侵害した遺言書**です。「遺留分」とは、民法で定められている「兄弟姉妹以外の相続人が最低限相続できる財産」のことをいい、法定相続分の2分の1と決まっています。

たとえば、妻と長男ひとりを残して夫が亡くなった場合、妻の「遺留分」は、次ページのようになります。

1（財産）×2分の1（法定相続分）×2分の1（遺留分）＝4分の1

この場合、夫の遺言書に「すべての財産を長男に相続させる」と書かれていたとしても、妻が相続を知った日から1年以内に**「遺留分の減殺請求」**を主張すると、財産の4分の1を相続できることになります。

たとえ、法律のプロが作成した「公正証書遺言」だとしても、「遺留分」を考慮していない遺言書であれば、「遺留分の減殺請求」は可能ですので注意が必要です。

ちなみに、遺留分は必ず請求しなければならないものではありません。放棄するのも自由です。

また、第1章で遺言書には「自筆証書遺言」と「公正証書遺言」があると紹介しましたが、「自筆証書遺言」を法的に有効なものとするには、**書き方にルール**が多く、これを満たしていない遺言書もモメる原因になります。

たとえば、友人に代筆してもらったもの、レコーダーで録音したもの、パソコンで印字したものは無効です。ただし、本人が他人に手を支えられて書いた場合は、有効

自筆証書遺言のサンプル

遺言書

これまで私は妻のＡ美、長女のＢ子、長男のＣ男に囲まれ、ささやかながらも満足な一生を送ることができました。ここに自分の思いを残すため、遺言書を書きます。

1. ○○県○○市○○町○○番地の土地と建物は妻のＡ美に相続させます。

2. 預貯金は、私の死後に残ったものの２分の１ずつを、長女のＢ子と長男のＣ男に相続させます。

   預貯金の預け先は以下になります。

   終活銀行 ○○支店 口座番号12345678
   ドッチ銀行 ××支店 口座番号 87654321

3. 遺言執行者は妻 Ａ美とします。

支え続けてくれた妻と、立派に成長してくれた子どもたちは私の誇りです。私がいなくなっても、姉弟で助け合って、お母さんを支えてあげてください。
本当に幸せな人生でした。ありがとう。

年　　月　　日

名前　　　　　　　　　　印

※実際は自筆で記入します

とみなされます。自筆だとしても、修正が可能な鉛筆で書かれたものも無効となりますので、万年筆やボールペンを使う必要があります。

日付がない遺言書も無効です。遺言者に遺言能力があるかどうかの確認に必要ですし、複数の遺言書が出てきた場合に、最新のものを確定するときにも証拠になります。

署名については、意外にも戸籍上の名前に限らず、遺言者が普段使っているペンネームや芸名でも、同一性が認められれば有効となります。押印についても、実印、認印、三文印でも良いとされています。

元気なうちに、瑕疵《かし》のない遺言書を完成させれば、安心して余生を送ることができます。なお、預貯金の相続先について記載する場合は、具体的な金額を書いてしまうと、今後、遺言者に急な出費が必要なときに困ってしまうので、**割合で書いておく**のがオススメです。

A

遺言書に「全財産を長男に譲る」とあっても、他の相続人が「遺留分の減殺請求」を行えば、その遺言通りには履行されない！

終活どっち？

Q.44

万が一に備え、元気なうちから自分の代わりに財産管理などを行う人を指定したいとき、まず選ぶべきなのはどっち？

「任意後見人制度」

「財産管理の委任契約」

次に挙げる体験は、筆者がファイナンシャルプランナーとして、ある高齢者の自宅にお邪魔して財産整理のお手伝いをしたときのものです。

①笑顔が素敵な86歳のAさん（女性）は、支給開始時点から一生涯もらえる個人年金保険に加入していました。しかし、財産管理のために通帳を拝見すると、その年金がしばらく振り込まれていないことに気がつきました。

保険会社に確認したところ、**「生存確認の書類が送られていないため、振り込まれていない」**とのことでした。毎年役所で生存証明書をもらって、保険会社に送るというシステムになっていたのです。早急に手続きを済ませ、元通りに年金が振り込まれるようになりました。

②色々な銀行に出かけては世間話をするのが日課のBさん（男性）は、最近、税金や光熱費が引き落とし不能になっている、という手紙が各所から届いて困っていました。そこへ、年金の振り込み先口座を持っている銀行から連絡が。

「今月はBさんの年金が振り込まれていないのですが、どうかなさいましたか？」

ビックリして通帳を開いてみると、年金の振り込み先口座が別の銀行に変わっていました。光熱費が引き落とされる生活口座に年金が振り込まれないために、残高不足になっていたのです。銀行員の営業トークに乗せられて、知らず知らずのうちに年金口座を移動してしまったのでしょう。

高齢になってくると、このように少しずつ判断能力が衰えていき、それまでは簡単にこなせていた事務手続きも難しくなってきます。そもそも外出が困難になって、手続きに行かれない場合もあります。

このような状態に陥ってしまった高齢者にとって、まず利用したいのが**「財産管理の委任契約」**です。自分の財産の管理や、その他の生活上の事務全部、または一部について、家族や知人、専門家などの代理人を決めて、代理権を委任するものです。内容は自由に決めることができますし、死後の事務処理を依頼することもできます。

そして、さらに時間が経つと、高齢者の天敵である認知症を発症するリスクが高まります。この病気は種類によっては、今日がいつなのか、自分はいまどこにいるのか、誰の家族なのかといったことすらわからなくなるなどの認知障害をもたらします。

こうした事態に備えるのが**「任意後見契約」**です。

本人の判断能力がはっきりしているうちに、面倒を見てもらいたいと思う家族や知人、専門家などを「任意後見人」に指定するものです。まずは、どんなことを依頼するのかを決めて、公証人役場で「任意後見契約書」を結んでおきます。

そして、**認知症の症状が見られるようになって、実際に判断能力が低下し始めたら、**家庭裁判所に申し出て「任意後見監督人」を選んでもらいます。これは、「任意後見人」がきちんと仕事をしているかどうかをチェックする役割の人で、ここから、判断能力に応じたサポートが始まることになります。

つまり、判断能力がしっかりしている間は「財産管理の委任契約」を使い、認知症が不安になってきたら「任意後見契約」を結んで、万が一に備えておくと、切れ目なくサポートを受けることができるわけです。

A まず選ぶべきは「財産管理の委任契約」。次いで、判断能力が低下すると効力が発揮される「任意後見契約」を結ぶ。

終活どっち？

Q.45

事実婚状態で
20年暮らしてきた夫妻。
妻は配偶者として
法定相続人になれる？

「なれない」
「なれる」

そもそも、「事実婚」とは、婚姻届は出していないけれど、**事実上、婚姻関係にある男女の関係**をいいます。

たとえば、同居しており、生計をともにして、お互いへの貞操義務を果たしている、といった状態のことです。要するに「夫婦である」という認識がお互いにある男女のこと。この点が、同棲関係との違いです。

日本人の寿命が長くなるにつれ、配偶者を亡くしたあとも80歳、90歳と長生きする人が増えてきました。そんななかで、ボランティアやサークル活動を通じて知り合い、お付き合いを始める**高齢者カップルも珍しくありません**。老人ホームで知り合って、一緒に暮らしているという人もいます。

彼らの多くは婚姻届は出していませんが、夫婦同然にともに暮らし、お互いに介護や看病も行っています。また、「夫婦で別姓を名乗りたい」などの事情があり、若い頃から事実婚を選んでいる人たちもいます。

自らの意志で選び取ったスタイルで生きている彼らですが、残念ながら、法的には不安定な要素が多いのです。

たとえば、婚姻届を提出した夫婦であれば、配偶者が亡くなったあとに遺族年金を受給する権利が、一般にはあります。夫が亡くなった場合、専業主婦歴が長い女性には国民年金しか年金が残されていませんから、遺族年金の受給は死活問題です。

しかし、事実婚の場合は、**内縁の妻であることを認めてもらうために、さまざまな書類を提出しなければなりません**。

「健康保険被保険者証の写し」や「結婚式を挙げたことを証明する書類」、「自らが喪主となって配偶者の葬儀を執り行ったことを証明する書類」、「2人が同一世帯だったことを示す住民票」などが必要となります。

2人のうち、どちらかが認知症になってしまい、症状が進んだときもたいへんです。籍が入っている夫婦であれば「法定後見制度」を利用して成年後見人を立て、財産に関わる手続きを代行することができますが、申し立てができるのは原則として本人・配偶者・4親等内の親族と決まっているので、事実婚の場合はそれができません。**法律上は他人**ですから、預金の出し入れなどが不便になってしまいます。元気なうちに前述した「任意後見制度」を利用するなど、手立てを講じる必要があるのです。

デメリットは本題の相続の権利にも及びます。残念ながら事実婚の場合、何年一緒に暮らしていようとも**法定相続人にはなれません**。自宅も預貯金も、亡くなった人の財産で、さらに相続人がいなければ、そのまま国庫に納められてしまい、暮らしていくのもままならなくなるかもしれないのです。

もっとも、こうした事態は**遺言書を作っておけば避けられます**。法的な相続人ではなくても、遺言によって指定されていれば遺産を受け取ることができるからです。

他にも、生命保険金で財産を渡す方法もあります。ただし、こちらでも遺族年金のと同様に、事実婚と、それが一定期間続いたことを証明する必要があります。

自分の死後、大切なパートナーが高齢になって財産もなく、自宅から出て行かなければならないような事態を防ぐために、元気なうちから遺言書を用意するなど万が一への備えを忘れないようにしましょう。

A 事実上の婚姻関係があって、周囲がそれを認めていても法定相続人にはなれない。遺言書や保険を利用した対策が必須!

終活どっち？

Q.46

相続財産にならないのはどっち？

「ペットの錦鯉」

「高価な仏壇」

34ページで我が家の財産簿のサンプルを紹介しましたが、あとあと遺族の間でモメないためにも、財産簿にある財産をどのように分けるかを考えておかなければなりません。相続税が気になるなら、なおさらです。

まず、どんなものが財産とみなされ、相続税の課税対象になるのでしょうか。大雑把にいえば、**「お金で見積もることができるすべてのもの」**です。預貯金や投資信託、株式、金《きん》、自宅・農地・山林・借家件・借地権などの不動産といったわかりやすい財産に加え、自動車類、家具、電化製品、貴金属、美術品、ゴルフ会員権、著作権なども課税対象です。

「お金で見積もることができるすべてのもの」ですから、ペットとして飼っていようと、錦鯉も財産の一部です。犬や猫も同様です。

たとえば錦鯉だったら、販売を目的として所有していたものでなければ、実際に取り引きされている価格と、専門家の意見に基づく評価額によって財産を評価します。

このように、ペットをも課税対象とする相続税ですが、**例外的に非課税となる財産**

もあります。

それが、質問にある仏壇などの仏具、墓地や墓石です。

これらは**「祭祀財産」**と呼ばれ、相続財産とはなりません。

「祭祀財産」とは祖先をお祀りするものの総称であり、古来より伝わる祖先を大事にする慣習と国民感情を考慮して、通常の財産とは切り離されているのです。

しかし、非課税となるのは生前に購入した「祭祀財産」だけなので、注意が必要です。**葬儀のあとに仏壇やお墓を購入した際の現金は、課税対象**となります。

また、「祭祀財産」が非課税であることを拡大解釈して、生前に純金製の仏像などを購入して相続税対策をしようとする人がいますが、止めておいたほうが良いでしょう。国税庁のホームページには、相続税がかからない財産として「墓地や墓石、仏壇、仏具、神を祭る道具など日常礼拝をしている物」としっかり記載されています。「祭祀財産」として国税庁の調査を乗り切って、あとで換金しようとしているのが見え見えなものは、課税される可能性があるわけです。「純金製の仏具で相続税対策を！」などというセールスマンには騙されないように注意しましょう。

これら「祭祀財産」の他に、死亡退職金や死亡保険金、損害賠償金なども特殊な扱いなのですが、それについては後ほど詳述します。

こういったプラスの財産に加え、歓迎できないマイナスの財産も、相続人は受け継がなければなりません。

具体的には借金、住宅ローン、車のローン、未払いの税金などです。相続財産を放棄するという選択肢もありますが、その場合はプラスの財産の相続権も放棄することになります。

相続放棄については、次項で詳しく解説しましょう。

A

たかがペットといえども、お金に見積もることができるものはすべて課税対象。仏壇は「祭祀財産」なので非課税となる。

終活どっち？

Q.47

親の借金の相続放棄をした子は親が加入していた生命保険の保険金を受け取れる？

「受け取れる」

「受け取れない」

「どうも親父には、**ギャンブルで作った多額の借金があった**ようなんだ。自宅を処分しても払えそうにないし、他に財産らしい財産は見あたらない……どうしよう」

もし彼が、父親が亡くなったことを知ってから3カ月以内であれば、受け継ぐべき遺産をすべて放棄する**「相続放棄」**を検討するべきでしょう。これで、ギャンブルで作った借金、つまりマイナスの資産は受け継ぐ必要がなくなります。ただし、自宅や預貯金といったプラスの資産も引き継げなくなります。

3カ月というのは、「相続放棄」申し立ての期限です。相続の申告期限は開始から10カ月と前述しましたが、こちらの場合は非常に短く、**3カ月以内に家庭裁判所に届け出なければならない**のです。遺産分割と違って、こちらは相続人全員の同意を取り付ける必要はありませんので、単独での届出が可能です。

「相続放棄」をすると、はじめから相続人ではなかったことになります。ですので、彼に子どもや孫がいたとしても、代襲相続の権利が生まれることもありません。ちなみに放棄はいったん認められたら、取り消すことはできません。

「なんとか『相続放棄』の手続きが間に合った！　それにしても、まさか親父が4000万円の生命保険に入っていたなんて……。受取人は俺になっているみたいだけど、この間『相続放棄』したばかりだし、受け取れるわけないよな？」

受け取れます。この場合、支払われた保険金は、契約の結果生じた彼固有の財産であって、相続財産にはならないからです。

ただし、保険金は「みなし相続財産（被相続人固有の財産ではないが、彼が亡くなったことで、相続人のものになった財産のこと）」なので、相続税の課税対象となる可能性が出てきました。

本来、死亡保険金には「残された遺族の生活保障」という役割があるため、一定の死亡保険金は非課税とされています。具体的には、次の通りです。

500万円×法定相続人の人数＝死亡保険金の非課税額

亡父には彼以外の相続人はいなかったとすれば、非課税額は500万円です。

ここで、相続税がかからない、基礎控除額の計算の仕方を思い出してみましょう。

3000万円＋（600万円×法定相続人の人数）＝基礎控除額

つまり、今回は3600万円です。彼が受け取った4000万円のうち、非課税額の500万円を引くと、3500万円が課税対象ですから、基礎控除の範囲内ですね。しかし、喜んだのもつかの間。彼は「相続放棄」をしています。

つまり、死亡保険金の非課税額の計算に出てくる「法定相続人」にそもそも含まれていないのです。結局、全額の4000万円が課税対象となり、基礎控除額を上回ることになってしまいました。世の中、さすがにそんなに甘くないものですね。

本項ではレアケースをもとに「相続放棄」と死亡保険金の関係について解説しましたが、残されるあなたの家族には、彼のような思いはさせたくないものです。

A 保険金は受取人固有の財産なので、「相続放棄」しても受け取れるが、「みなし相続財産」として相続税の課税対象となる。

終活どっち？

Q.48

不倫して出ていった妻を、死亡保険金の受取人から外すのを忘れていた夫。亡くなったら保険金を受け取れるのはどっち？

「元の妻」

「いまの妻」

死亡保険金の一部は非課税財産になっていることもあり、節税対策として現金を保険に変えたり、相続人が相続税を払うための資金作りとして保険を利用している人が多くいます。

ただ、一度申し込むと、ほとんどの人はメンテナンスをすることなく保険料を払い続けるだけで、契約内容にも興味を示しません。

そのうち、万が一の際に保険金を受け取ることになる受取人の人選が、現在の自分が置かれた環境に合っているのかどうかも、忘れてしまいがちです。せっかく高額な保険料を支払っている商品なのですから、ここには注意を払っておくべきでしょう。

というのも、生命保険の場合、**受取人に記載してある人物しか保険金を受け取ることはできない**からです。

もちろん、途中で契約者が受取人を変更することはできますが、なかには加入していることすら忘れている人もおり、覚えていても環境の変化に合わせて契約内容を変更するという発想がなく、忙しさにかまけていることが多いのです。

さて、右に記した原則に照らすと、問題のケースがどうなるかおわかりですよね。

夫と元妻、２人の間にどんな経緯があろうとも、保険金を受け取ることができるのは、現在の妻ではなく元の妻です。ちなみにこれは、筆者が保険会社の人に取材するなかで聞いた、紛れもない実話です。

亡くなった夫も、空の上から**「こんなはずではなかった」**と臍《ほぞ》を噛んでいることでしょう……。

問題のような事例は珍しいのですが、ありがちなのが、男性が独身のときに加入した生命保険の受取人を親に指定したまま、**結婚後に妻に変更するのを忘れていた**ケースです。不幸にも、男性が妻と子どもを残し、若くして亡くなってしまったら、遺族は保険金を受け取ることができないのです。

男性の親が「残された家族がかわいそうだ」と、受け取った保険金を嫁や孫に渡すと「財産の贈与」となり、金額によっては贈与税を払わなくてはいけません。

また、気をつけたいのが、ひと昔前の保険によくあるのですが、受取人の名前が**「契約者本人」**だったり、受取人が**「相続人」**としか記載されていない場合です。

「契約者本人」であれば、本人が自分のためにかけた保険ということで、保険金はいったん遺産に組み込まれて、相続人がいる場合は**遺産相続の対象**となります。遺産に組み込まれるということは、金額によっては相続税も発生してしまうのです。

また、「相続人」などとおおざっぱに記載してある場合ですが、これは法定相続人全員が受取人になるので、**特定の人に残すことはできなくなります**。

最悪なのは、保険への加入そのものを忘れていたり、家族に保険の存在を教えるのを忘れたりしている場合です。亡くなったあとに部屋を整理していたら保険証券が出てきた、なんて実話はよくあるのです。

保険金の請求の時効は3年ですが、もし過ぎていても、諦めずに保険会社に連絡してみてください。ケースによっては、保険金が支払われることがあります。

A

どのような経緯があろうと、受け取れるのは保険金受取人になっていた元の妻。保険の内容には常に気を配ろう。

終活どっち？

Q.49

相続で色々な不動産を引き継いだ。すべてについて不動産登記をすべき？

「すべき」

「しなくても良い」

不動産登記とは、土地や建物の所在や面積、**所有者などの権利関係**について誰でもわかるように公示し、不動産に関わる融資や取り引きを円滑に進めるための制度です。

自宅を建てたり買ったりしたときには、自分の不動産であることを証明するために不動産登記を行います。しかし、相続で引き継いだ不動産の場合、登記を怠っている人が相当数います。

というのも、登記をしなくても法律に触れるわけではなく、不動産を引き継いだ人がそのまま固定資産税を払って所有していれば、これといった支障がなく生活が送れてしまうからです。

確かに、不動産の登記手続きはたいへんです。

被相続人（亡くなった人）と相続人の戸籍謄本を集め、相続人全員で前述した「遺産分割協議書」を作成、さらに納税額の計算に必要な「固定資産評価証明書」を都税事務所や市区町村役場で取得し、ようやく法務局に「登記申請書」を提出できます。

ついつい、おっくうになってしまうのも頷ける道のりです。

それでも、相続登記はやっておかなければなりません。

なぜかというと、**「不動産を相続した人の権利を守るため」**です。

もし相続人が登記の名義変更をしないと、「不動産の権利を相続人の全員が持っている」状態になるのです。

たとえば、自宅の土地と建物を所有していた人が亡くなって、その妻のAさん、長男のBさん、次男のCさんが残されたとします。遺言書に従って実家はBさんが継ぎ、妻のDさんとの間に生まれた長男Eさん、次男のFさんと住み始めましたが、相続登記をしていないので、法律上は3人の所有となっています。

もし、相続登記をしないまま、次男のCさんが妻のGさん、長女のHさん、長男のIさんを残して亡くなってしまったら、不動産の共同所有者は、Aさん、Bさんと、Cさんの家族が加わって**5人にふくれあがります**。

この期に及んで、持ち主であるBさんの名義に相続登記をしたければ、Cさん家族の同意も取り付けて「遺産分割協議書」を作成しなければなりません。放っておけば、ネズミ算式に権利者が増えていくことになります。権利者が増えれば増えるほど、共有者の協力が必要な手続きが進めにくくなるのは言うまでもありません。

遠方に住んでいる人、気難しい人、疎遠な人、お金にうるさい人は序の口で、権利

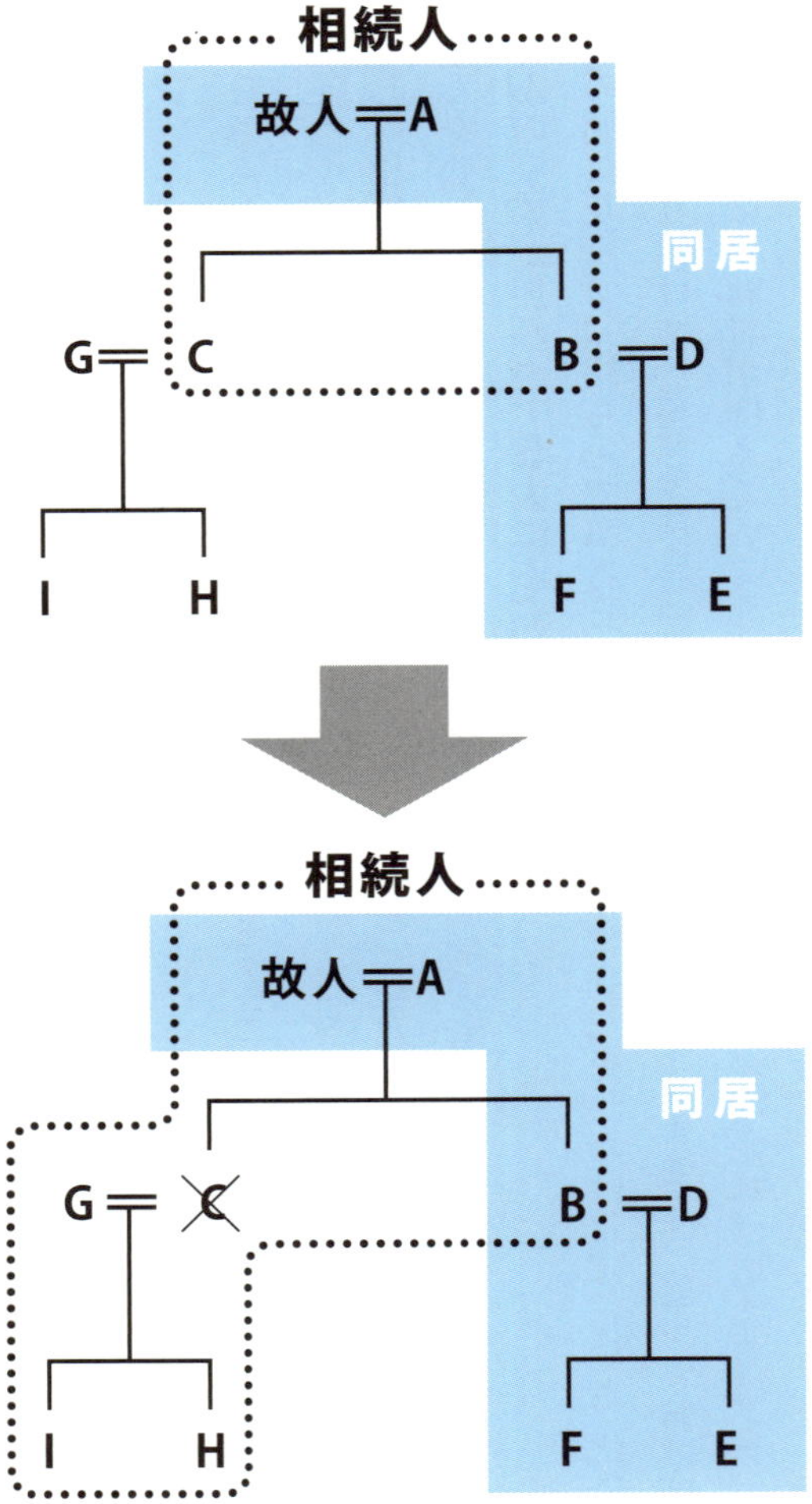
相続人
故人
A
同居
G
C
B
D
I
H
F
E
相続人
故人
A
同居
G
C
B
D
I
H
F
E

者のひとりが認知症を発症しようものなら、**良い条件で売却の話が持ち上がっても、身動きがとれない**でしょう。

最初の相続が起きたときに、すぐにBさんに名義変更しておけば、このような心配はなくなるのです。これは山や田、畑でも同じことです。

もし自分の財産に、共同名義になっている不動産が含まれていたら、引き継ぐ人たちのために登記をしておきましょう。でなければ、Bさん一家のようになって、子ども世代が顔も合わせたことのない人に頭を下げて、「遺産分割協議書」に印鑑をついてもらわなければなりません。

自分ですべての手続きを進めるのがたいへんでしたら、**司法書士に依頼**しましょう。報酬を払えば代わりに手続きを進めてくれます。行政書士、税理士といえどもこの業務は行えないので、注意しましょう。

将来の火種を事前に消しておくことも、終活の意義のひとつなのです。

A 名義人の頭数がふくれあがり、身動きがとれなくなる前に自宅に山、田んぼ、すべてにおいて相続登記をしておくべき。

終活どっち？

Q.50

孫が私立の医学部に入学。6年間4000万円の授業料を払ってあげた。贈与税はかかる？

「かかる」

「かからない」

現在の子育て世代は、銀行の預金金利はほとんどつかず、子ども保険で積み立てをしても利息は雀の涙、賃金もなかなか上がらず、子どもの教育費を貯めることが難しくなっています。そんなとき、頼りになる強い味方が**おじいちゃん、おばあちゃん**です。

原則として、1年間にひとり**110万円までであれば、贈与しても贈与税がかからない**というのはよく知られていますが、4000万円もの大金ともなると税金がかかってしまうのでは、と心配する方もいらっしゃることでしょう。

ですが、扶養義務者が子どもの教育資金にいくらかけようと、**贈与税は一切かかりません**。扶養義務者とは親だけではなく、祖父母も含まれます。4000万円だろうが、1億円だろうが贈与税はかからないのです。

ただし、面倒だからと何年分かの学費をまとめて贈与すると、課税の対象になることもあるので気をつけましょう。あくまで必要になった分だけ、そのつど贈与することがポイントです。

もっとも、次に挙げる一定の要件を満たすと、教育資金を無税で子どもや孫たちのために貯めておける特例もあります。

・２０１９年３月31日までの間に行うこと
・30歳未満の子どもや孫が、両親または祖父母からもらうこと
・ひとり１５００万円を限度として、金融機関と契約して預けること

孫が４人いたとしたら、一気に６０００万円を無税で贈与できるわけですから、相続税対策としても有効です。

同じように、子どもや孫が、自分が住むための家屋の新築・取得・増改築のために父母や祖父母から資金の贈与を受けた場合も、非課税になる特例があります。ただし、こちらにも満たさなければいけない要件があります。

・２０２１年12月31日までの間に行うこと
・贈与を受ける人のその年の年収が２０００万円以下であること
・20歳以上の子どもや孫が、両親または祖父母からもらうこと
・ひとり１２００万円※を限度とすること
・取得する住宅の床面積や耐震強度などが一定の基準を満たしていること

※国が奨励する省エネ住宅の場合。また、金額は数年毎に変わります。

非課税の適用を受けるには、贈与を受けた翌年2月1日から3月15日の間に、贈与税の申告書と書類を税務署に提出しなければいけません。意外と、この手続きを忘れる人が多いようですから、注意しましょう。

他にも、子や孫の結婚・子育て資金としての一括贈与特例があります。

ただし、ここで大切にしたいのは、32ページで解説した資金計画です。

団塊の世代は、「あげ過ぎ貧乏」といわれることもあるくらい、贈与をしている人が多いようです。

退職直後はまとまったお金を持っているので、ついつい気持ちが大きくなりがちです。しかし、これからは年金が主な収入になるのですから、2章でお話しした「これから入ってくるお金」、「いま持っているお金」、「これから出ていくお金」をしっかり把握したうえで、贈与額を決めると良いでしょう。

A 適正な贈与であれば何千万であろうと贈与税はかからない。他にもたくさんの特例があるが、自分の財布と相談すること。

おわりに

筆者はファイナンシャルプランナーという仕事柄、穏やかなはずの老後に、お金にまつわるトラブルに巻き込まれて財産を失ったり、家族が崩壊したりしてしまう事例を見てきました。そのほとんどが、正しい知識を身につけていれば、避けられるものばかりでした。本書を執筆したのは、そんな方たちをひとりでも減らすため、皆に人生の終わりに向けた正しい「終活」をして欲しいという思いからです。

「終活」の必要性を身をもって実感したのが、自分の会社でエンディングノートを製作した2007年頃。筆者自身がステージⅢの乳がんに倒れてしまい、人生でもっとも死を身近に感じたときでした。万が一に備えて、「夫や子どもたちに何かを残さなければならない」という思いに突き動かされたのです。

幸い回復した筆者は、「終活」の必要性を広める活動を開始しましたが、当時は「死に向かって準備をするなんて縁起が悪い」、「『死』なんて言葉を使うセミナーは止めてください」など、拒否感を露わにされる人も珍しくありませんでした。

それから10年。ご存じの通り「終活」はセカンドライフプランの一環として定着しつつあります。いまでは、筆者主催の三世代充実研究所で実施している「終活検定」には、40代から80代まで、幅広い年齢の人が参加しています。

もっとも盛り上がるのは、弁護士、税理士、葬儀社の社員、看護師、ヘルパーなどの専門家を交えて行うワークショップです。受講生たちは、日頃から抱いている疑問や不満をここぞとばかりに専門家に投げかけます。

その光景を見るにつけ、嬉しいのと同時に、「終活」をわかりやすく、楽しく学べる仕組みを作るための筆者の取り組みは、まだまだ道半ばだと痛感させられます。

最後になりましたが、出版のきっかけを作ってくださった日本経済新聞社ＯＢの早田秀人さん、都恋堂の榑林優さんと大場勝一社長、本書を世に送り出していただいたすばる舎の皆さんに、心より感謝申し上げます。

そして、いつも的確なアドバイスをくれる井手浩美さん、心の支えになってくれている夫と娘たちへも感謝を捧げます。

本書が、手に取っていただいた皆さまのお役に立てることを祈っております。

２０１７年３月　髙橋佳良子

〈著者・略歴〉
高橋 佳良子（たかはし・かよこ）
CFP（サーティファイド ファイナンシャル プランナー）

◎——1965年生まれ。広島修道大学大学院人文科学研究科修士課程（社会学専攻）卒業後、1990年にＦＰ資格を取得。お客様へのコンサルティングを通して、資金計画や保険の見直しだけではなく、人生プラン・終活・心の持ち方・人間関係の重要性を痛感し、2001年にライフアンドマネークリニックを設立。2007年には金融庁による、金融知識普及功績者表彰を受ける。
◎——以後、シニア世代のための「マイエンディングノート」、子どものための「おこづかい帳」を発刊するなど幅広い活動を続ける。2012年、北欧の社会保障システムを視察。「私さえ我慢すれば」「すべてお任せします」と考えがちな日本人に足りない、「自分自身が幸せになる」ための自己決定能力を広く身につけて欲しいという思いから、2015年に三世代充実生活研究所を設立。
◎——全国各地でセミナーや講演会、ワークショップを行う。「話が楽しく、わかりやすい」と好評を博し、広島のテレビ局全局においてコメンテーターなどでレギュラー出演を果たす。現在もテレビ・ラジオ・新聞・雑誌など各種メディア出演多数。本書が初の著書。

株式会社ライフアンドマネークリニック　http://www.lamc.jp/
三世代充実生活研究所　http://sansedai-oyakomago.jp/

2択クイズでまるわかり！
あとあとモメない「終活」はどっち？

2017年 3月 19日　第1刷発行

著　者——髙橋 佳良子
発行者——徳留 慶太郎
発行所——株式会社すばる舎
〒170-0013　東京都豊島区東池袋3-9-7 東池袋織本ビル
TEL　03-3981-8651（代表）　03-3981-0767（営業部）
振替　00140-7-116563
URL　http://www.subarusya.jp/
装　丁——小口 翔平（tobufune）
印　刷——図書印刷株式会社

ISBN978-4-7991-0603-7

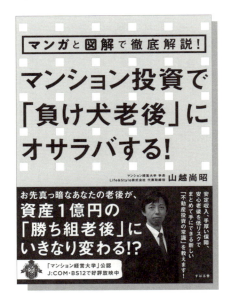